SEXPLORER

50 pages de conseils pratiques
pour cultiver la jouissance au quotidien

Masha Sexplique
@mashasexplique

MANGO Society

SOMMAIRE

À l'adolescente que j'étais, qui avait besoin d'une éducation sexuelle.
Et à vous qui tenez ce cahier entre vos mains. Puisse-t-il vous rassurer,
vous informer et vous aider à faire la paix avec votre vie intime.

INTRODUCTION

MAIS C'EST QUOI CE CAHIER ?

C'est la question que vous devez vous poser en tenant ce cahier entre vos mains au milieu de votre librairie préférée. « Qu'est-ce que je suis en train de regarder ? », vous demandez-vous, devant cette couverture pleine de clitoris, de pénis et de mains. Vite, prenez votre air le plus naturel pour normaliser cette situation ! Il n'y a rien de honteux ou de bizarre : tout le monde a le droit de s'intéresser à l'éducation sexuelle. Vous avez le droit de ne pas savoir, d'avoir besoin d'aide et de vous souhaiter une meilleure vie sexuelle.
D'ailleurs, si vous avez ouvert ce cahier, c'est peut-être parce que certains mots ou images ont rencontré un écho en vous. Vous trouverez ainsi au fil des pages des informations concrètes et des exercices pratiques pour rendre votre vie sexuelle plus satisfaisante ou tout simplement… la découvrir !

Tous les jours, de nouveaux livres sur la méditation, des méthodes pour arrêter de râler ou de procrastiner sortent en librairie ; il est temps à présent de laisser de la place sur les rayons au développement sexuel ! Après les exercices pour gagner en productivité ou en créativité, imaginons des exercices qui rendront notre vie intime plus douce et plus plaisante. La sexualité n'est pas innée, elle s'apprend. Les langages du plaisir, eux aussi, doivent être pratiqués pour être maîtrisés.

Ce petit cahier s'inscrit dans la très belle lignée des autres livres de son genre : *Jouissance Club. Une cartographie du plaisir*, de l'incroyable Jüne Pla (Marabout, 2020) ; *Bien dans ma tête, bien dans ma culotte*, de l'excellente Amal Tahir (Kiwi, 2020) ; ou encore *Au-delà de la pénétration*, de ce cher Martin Page (Le Nouvel Attila, 2019).

POURQUOI SEXPLORER ? QUELS SONT LES INTÉRÊTS ?

La sexploration s'adresse à tout le monde. J'ai voulu ce cahier le plus inclusif possible. Peu importe votre sexe, votre orientation sexuelle ou votre identité de genre, vous y trouverez des informations vous concernant ! Vous avez besoin de vous explorer à partir du moment où vous le décidez. À l'inverse, ne pas vouloir sexplorer est tout à fait compréhensible, et personne n'a à vous l'imposer.

J'ai décidé de parler de sexploration pour deux raisons. La première, c'est qu'une meilleure connaissance de soi et des autres favorise le sentiment amoureux. L'amour de soi et l'amour des autres. La deuxième raison, c'est parce que je trouvais ce nom très drôle. Mais peut-être ai-je un humour douteux...

Se découvrir sexuellement et sensuellement – c'est-à-dire faire la connaissance de son corps, mettre des mots sur ce que l'on a vécu ou mieux comprendre le fonctionnement humain – peut être libérateur. Après des expériences douloureuses, sexplorer permet de renouer avec soi, de se réapproprier des pratiques, des fantasmes, et ce à son rythme, tranquillement. D'une façon générale, peu importe que l'on ait un passé douloureux ou pas, la sexploration est un moyen de reprendre le pouvoir. Le pouvoir de savoir et le pouvoir d'agir sur soi.

À QUI S'ADRESSE CE CAHIER ?

Ce cahier vous sera utile si vous avez envie de *booster* un peu votre vie sexuelle ou si vous cherchez des réponses à vos questions. En dix chapitres, vous ferez un tour d'horizon théorique des principaux éléments du bien-être sexuel et passerez à la pratique avec des exercices concrets pour apprendre à vous découvrir et à vous masturber. Si vous n'avez pas d'orgasme, si vous ressentez de la gêne ou de la culpabilité ou si vous avez des soucis de libido, ce cahier pourra vous aider à vous débarrasser de vos complexes et constituera une première étape vers une reconnexion à vos besoins.

À la fin du cahier, vous trouverez tous les outils en lien avec les chapitres. Ces derniers peuvent être lus dans l'ordre de votre choix ; cependant, je vous conseille de faire les exercices l'un après l'autre, en prenant le temps d'assimiler chaque chapitre.

Et pour continuer l'aventure, vous pouvez me rejoindre sur mon compte Instagram @mashasexplique, sur lequel je poste chaque jour de nouveaux contenus autour des sexualités.

Travailler son LÂCHER-PRISE

« Lâche prise », « détends-toi » : on entend ces phrases partout comme des conseils miraculeux qui, une fois prononcés, prendraient effet quasi immédiatement. Mais sans l'ancrage nécessaire, on ne peut pas « lâcher » quoi que ce soit : vous n'avez pas envie de sauter dans le vide sans parachute... Se lâcher dans sa vie sexuelle sans bases solides, c'est souvent effrayant et inefficace.

COMPRENDRE LE LÂCHER-PRISE

C'est vrai, ça ! Tout le monde en parle comme d'une chose miraculeuse : il faudrait impérativement apprendre à lâcher prise. Mais lâcher quoi ? Comment ? Et pour quels bénéfices ? Pour moi, lâcher prise, c'est reprendre le contrôle sur ses émotions et se défaire de ses habitudes de pensée et de comportement pour se reconnecter à soi. Souvent, lorsque l'on réagit à chaud, on reproduit des schémas issus d'un conditionnement. Je donne un exemple concret : un homme vous propose de coucher avec lui ; vous en avez envie, mais sur l'instant, vous refusez, car vous avez intériorisé l'idée qu'une femme ne couche pas avec un homme le premier soir. Le lâcher-prise permet de prendre du recul par rapport à ce type d'injonctions. Je ne dis pas que vous devriez coucher le premier soir impérativement, mais je pense que vous avez le droit d'avoir le choix. Un choix libre, éclairé et heureux.

LÂCHER PRISE AU QUOTIDIEN

Le lâcher-prise, c'est lorsque le corps et le mental sont en phase. Pour conserver l'équilibre, il ne faut pas que l'un ou l'autre prenne le dessus. Mais avec le stress de la vie quotidienne, le mental carbure, chauffe et nous domine complètement. Au lieu d'être tout simplement dans le moment présent, on ressasse le passé et on anticipe les moments à venir. Bien entendu, le mental continue sa spirale infernale dans la chambre à coucher, au moment de dormir... et lors des relations sexuelles !

Il vous déconnecte du moment présent. Lors d'une relation sexuelle, on peut s'inquiéter de son apparence, des sons que l'on produit, du poids que l'on a pris... Toutes ces pensées parasites nous déconnectent. Pour apprendre à s'ancrer dans son corps et non dans son mental lors des relations sexuelles, on peut déjà s'exercer dans d'autres contextes du quotidien. Car avec l'habitude, on parvient à le faire plus naturellement dans l'intimité.

ON S'ANCRE

Pour s'ancrer en soi et ressentir la jouissance, il faut trouver des points d'ancrage. Le point d'ancrage le plus élémentaire et toujours à disposition reste le souffle. En lisant ce cahier, prêtez attention à votre souffle. Comment respirez-vous ? Votre respiration est-elle forte ou lente ? Est-ce difficile pour vous de respirer ? Prenez une grande inspiration par le nez et expirez doucement par la bouche. Sentez le souffle gonfler vos poumons et ressortir en passant sur vos lèvres. Écoutez le bruit de votre respiration. Vous venez de vous ancrer. Le mental divague toujours. On ne peut pas ne penser à rien ni être dans un état de concentration permanent : c'est impossible. Observez votre mental faire des allers-retours entre la liste de courses et la dernière bêtise de votre enfant. Prenez note de son fonctionnement. Revenez à votre souffle. Ainsi, vous restez en ancrage avec vous-même.

Pratiquer le lâcher-prise pour aller vers la jouissance, cet état de pleine conscience dans votre vie sexuelle et dans votre vie quotidienne, c'est du travail ! Mais c'est un travail que vous pouvez faire à tout moment et surtout, dès que vous vous sentez dans l'impasse ou sur le point d'exploser. C'est un instant de pure connexion à soi. Vous en retirerez des bénéfices dans votre vie sexuelle, mais aussi dans votre manière d'aborder les problèmes ou de réagir au stress.

LÂCHER PRISE À DEUX

Lors d'une relation sexuelle, impossible d'échapper au regard de l'autre : nous ne sommes plus dans le confort de la solitude, à l'abri des jugements. Mais si le regard d'autrui peut nous déstabiliser, il peut aussi être un pilier. Dans une relation saine, le regard bienveillant que notre partenaire porte sur nous peut être rassurant et nous donner confiance en nous. Vous pouvez aimer cette personne et lui faire confiance, tout en ayant des pensées parasites comme : « De quoi ai-je l'air quand je jouis ? » ou « Est-ce qu'elle va voir que je bande mou ? » Bref, c'est là que votre partenaire intervient !

ON SE RECONNECTE

Lorsque vous sentez vos pensées vous envahir, faites une pause ensemble. Collez vos deux torses l'un contre l'autre et respirez. Prêtez attention à votre respiration. Inspirez longuement par le nez et expirez doucement par la bouche. Ainsi, vous vous reconnectez à vous, à l'instant et à l'autre.

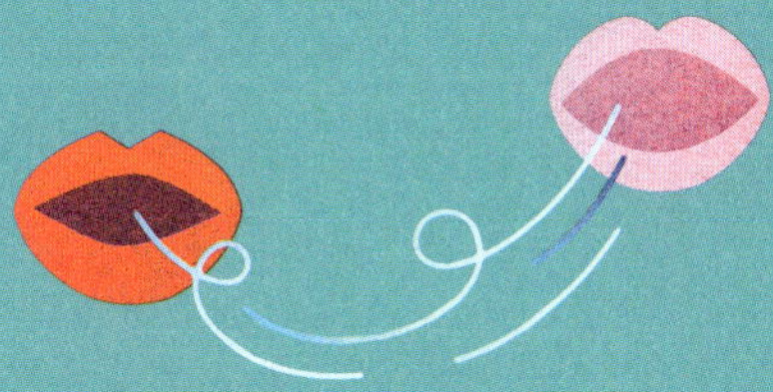

LES TRAVAUX PRATIQUES

Pour vider votre esprit de toutes les pensées parasites avant de continuer votre lecture, prenez une grande inspiration, puis expirez doucement. Reportez-vous à la page 49 et notez toutes les tâches à faire qui occupent votre esprit. Parmi ces tâches, effectuez celles qui prennent moins de deux minutes et planifiez les autres. Essayez de faire cet exercice régulièrement.

2 Définir son SELF CARE

On passe beaucoup de temps sans les autres. Mais sommes-nous réellement en présence avec nous-mêmes ? Prendre soin de soi, c'est important. Cela apporte de grands bénéfices dans la vie de tous les jours, mais aussi sur le plan sexuel. Lorsque l'on reconnaît que l'on est la personne la plus importante de sa propre vie, on prend confiance. On prend confiance pour s'affirmer, prendre des initiatives et assumer ses désirs.

L'IMPORTANCE DE PRENDRE SOIN DE SOI

On parle beaucoup de *self care*. Pour les femmes, prendre soin de soi se limite souvent dans l'imaginaire collectif à appliquer des masques sur son visage et à se rendre chez l'esthéticienne. Et pour les hommes, prendre soin de soi se limite souvent à… rien. Dans l'imaginaire collectif, un homme qui prend soin de lui perd sa virilité. Je vous propose pour ma part de revisiter cette notion de *self care*, que le marketing s'est empressé de s'approprier pour vendre toujours plus de produits.

Prendre soin de soi, qu'est-ce que c'est, fondamentalement ? C'est répondre à ses besoins les plus urgents et les plus essentiels. Par exemple, aller aux toilettes quand on le souhaite, c'est prendre soin de soi. Peut-être que cela vous fait rire, mais sachez que je reçois sur mon compte Instagram de nombreux témoignages de femmes qui racontent qu'elles n'osent pas aller aux toilettes lorsqu'elles ne sont pas chez elles : peur de faire du bruit, peur des odeurs, honte d'avoir des besoins physiques… Le principe le plus élémentaire du *self care*, c'est donc de respecter son corps dans ses besoins les plus primaires : aller aux toilettes, respirer, entretenir des liens sociaux, manger.
Ce qui est important, c'est de mettre en place les pratiques de *self care* qui correspondent à vos objectifs de vie et à votre rythme, vos occupations quotidiennes.

SE CRÉER DES ROUTINES EFFICACES

Les routines sont les pires ennemies de certaines personnes : « À bas la routine, mettez du piment dans votre vie ! » Moi, j'adore les routines. Elles ont quelque chose de réconfortant et de sécurisant. C'est un repère, une façon de trouver ses marques et de se détendre. Si vous ne supportez pas les routines, je vous invite à passer ce paragraphe très vite !

Les routines permettent de donner un cadre à sa vie, à son quotidien, et de mieux définir ce que l'on souhaite y mettre. Certaines personnes ont absolument besoin de routines pour vivre. Si c'est votre cas, n'ayez aucune honte. Ne considérez pas cela comme un problème ; acceptez la chose entièrement et planifiez. C'est une véritable libération. Un gain de temps et d'énergie considérable.

Planifier sa vie sexuelle, cela peut consister à définir un créneau pendant lequel vous vous investissez dans votre vie intime avec votre partenaire ou avec vous-même. Planifier un jour à l'hôtel par mois, une soirée par semaine sans les enfants, une heure de temps en temps où vous êtes disponible, va créer une tension propice au désir sexuel. Vous allez anticiper, préparer et savourer cette attente. Votre cerveau va ainsi accorder de l'espace à ce moment, comme à n'importe quel autre rendez-vous : c'est un super moyen de relancer une vie affective quand on manque de temps ou que l'on a absolument besoin de routines pour vivre (oui, c'est vital pour certaines personnes !).

TROUVER SON *CREW*

Pour qu'une star soit au top, elle doit être entourée de personnes compétentes et bienveillantes. Maquillage, coiffure, tenue : ce sont des mains expertes qui s'occupent d'elle pour que tout soit parfait au moment de monter sur scène. On ne peut rien construire sans un regard, sans un soutien extérieur. Nous avons forcément besoin des autres.

Votre *crew*, ce sont toutes les personnes qui gravitent autour de vous et dont vous dépendez pour bien manger, entretenir vos cheveux, passer du bon temps... Les autres peuvent nous aider à nous sentir bien, comme nous enfoncer et nous faire culpabiliser : votre *crew* relève invariablement de la première catégorie.

Bien choisir la personne avec qui vous vivez, ou du moins avec laquelle vous passez beaucoup de temps, est essentiel, d'autant plus dans la perspective de partager avec elle votre intimité. Pour cela, je vous ai concocté un tableau magique que vous trouverez page 53. Il est composé de quatre cases.

1

En haut à gauche, inscrivez toutes les qualités que doit avoir selon vous une personne pour que vous puissiez tisser des liens avec elle. Ces qualités doivent être pour vous absolument vitales, nécessaires, non négociables.

2

En bas à gauche, placez les raisons qui vous feraient rompre immédiatement une relation : le fait que la personne porte des pantoufles en forme d'animal en peluche, par exemple. Ces raisons doivent constituer pour vous un motif ferme de rupture, sans retour en arrière.

3

En haut à droite, définissez une zone de tolérance. Quels défauts pourriez-vous éventuellement accepter chez votre partenaire ?

4

Enfin, en bas à droite, indiquez ce qui n'est pas nécessaire, mais qui ferait un *perfect match* avec vous ! Par exemple, si une personne est passionnée de cuisine comme vous, vos échanges n'en seront que plus spontanés et plus enrichissants, mais ce n'est pas nécessaire pour nouer une relation.

Une fois ce tableau rempli, n'hésitez pas à vous en servir pour évaluer les points positifs et négatifs d'une relation et déterminer s'il est bon pour vous de garder une personne dans votre vie. Utilisez ce système à volonté pour vos amitiés, vos relations professionnelles, etc.

LES TRAVAUX PRATIQUES

Je vous propose de créer votre routine du soir. Le soir est une période particulière de la journée, qui cristallise tout le stress accumulé depuis le début de la matinée. Parfois, on ne prend pas le temps de faire une vraie pause et on se retrouve à *scroller* indéfiniment son fil Instagram en mangeant un bout de pain et un peu de fromage avant d'aller dormir. (Mince, est-ce que je ne viendrais pas de décrire ma propre vie ?) Sur le long terme, cette habitude est délétère.

Rendez-vous page 55 et remplissez le magnifique planning que je vous propose. Prenez le temps de réfléchir à une routine qui puisse vous sécuriser le soir, par exemple. Listez dans l'ordre toutes les tâches que vous devez accomplir avant de terminer votre journée et les activités qui vous font du bien avant d'aller dormir. Vous pouvez inclure dans votre routine une pratique que vous aimeriez retrouver, comme la méditation, la lecture… Essayez d'évaluer le temps que vous prend chaque tâche et déterminez une plage horaire pour chacune de vos activités. C'est le moment de planifier un moment intime si vous le souhaitez ! Pour terminer, affichez votre routine du soir en évidence : dans la cuisine, sur le réfrigérateur par exemple. Bravo, vous venez de concocter votre première routine sur mesure !

3
Se protéger des personnes TOXIQUES

Il arrive parfois que l'on ait l'impression d'avoir des problèmes sexuels, parce que des personnes nous accusent d'être responsables de leurs propres problèmes. Ce déséquilibre crée un sentiment d'emprise chez la victime, qui n'arrive pas à se libérer de la personne toxique et qui pense être la seule fautive dans la relation.

REPÉRER UNE PERSONNE TOXIQUE

Construire une relation saine avec votre partenaire, c'est la base pour pouvoir évoluer dans votre vie intime. Si cette personne vous empoisonne, c'est elle le problème, pas vous. Et faire un travail sur vous ne changera rien tant que cette personne sera dans votre vie et qu'elle aura des comportements toxiques à votre égard.

Lorsque l'on est dans une relation malsaine ou violente, il est souvent compliqué de s'en extraire, car nous n'avons pas forcément conscience d'être avec une personne toxique. Votre partenaire a peut-être fait de belles choses pour vous, dont vous vous sentez redevable. Le piège est là : les personnes manipulatrices ne sont pas des monstres habités par la haine. Elles sont intelligentes et sauront utiliser une gentillesse hypocrite pour réussir à vous persuader que tout est dans votre tête.

Un maître mot : écoutez-vous. Si vous ne le sentez pas. Si vous ne vous sentez pas bien dans cette relation. Si cela vous angoisse lorsque vous recevez un message de votre partenaire... Tout cela n'est pas normal. Vous n'avez pas besoin d'argument ou de raison spéciale pour vous protéger. Dans une relation où l'emprise est forte, vous aurez peut-être envie de vous raisonner, de justifier des actes ou des propos blessants à votre égard, mais c'est exactement ce que vise la personne toxique : créer le doute et vous laisser penser que tout est dans votre tête.
Faites confiance à votre instinct avant tout. Votre corps parle. Votre corps sait. Il prend le relais du mental.

RESSOURCE

Si vous avez besoin de plus d'informations et de conseils sur les violences conjugales, sexistes ou sexuelles, je vous suggère de consulter le site **www.violencesquefaire.fr**, qui est très complet. Il classe les violences en trois catégories et donne des ressources pour s'en sortir en fonction de chaque situation.

IDENTIFIER CE QUI NE DÉPEND PAS DE NOUS

Certaines personnes nous font croire que nous sommes responsables de tout. Elles vous diront que vous devez absolument explorer votre corps, vous libérer sexuellement, ou bien que votre absence de libido tue votre couple. Elles pourraient tout à fait acheter ce cahier, vous l'offrir sans même le lire, en vous suggérant de vous en inspirer. Je ne veux pas ajouter une charge supplémentaire aux souffrances que vous vivez peut-être déjà. Le fait de sexplorer ou non doit rester un choix personnel. Si quelqu'un fait pression sur vous pour que vous vous masturbiez ou que vous exploriez votre sexualité, ce n'est pas sain, ni normal, ni acceptable. On peut avoir une sexualité très épanouie sans se masturber, tout comme on peut se sentir bien en se masturbant, sans avoir besoin de sexe à plusieurs. L'objectif doit toujours être votre bien-être, pas le respect d'une quelconque norme.

Vous pouvez même vous sentir extrêmement bien sans sexualité ! Si vous ne ressentez pas ou peu d'attirance sexuelle envers vous-même ou les autres, il est possible que vous soyez une personne asexuelle. L'asexualité est un terme parapluie qui englobe beaucoup de variations, tant dans les attirances que dans les pratiques. Ce n'est pas parce que l'on vit dans un monde qui se libère toujours plus sur ce plan que tout le monde doit avoir des rapports sexuels régulièrement. Pour moi, cela signifie davantage que chacun ou chacune doit pouvoir vivre sa sexualité ou sa non-sexualité librement. La libération sexuelle ne doit pas se transformer en injonction à la sexualité.

Une fois que l'on se libère de cette pression de la performance sexuelle et que l'on comprend que l'on sexplore pour soi, pour accroître ses connaissances personnelles et son plaisir, la sexploration devient un terrain de jeu sans limites.

LES TRAVAUX PRATIQUES

Afin de vous aider à repérer une personne toxique, je vous ai préparé page 57 un petit bingo à colorier en rouge avec les principaux signaux qui montrent la toxicité d'une personne. N'hésitez pas à vous faire aider pour vous en sortir. Renouez avec vos amis et amies de longue date, entourez-vous et travaillez sur votre image pour trouver la force de fuir. Page 59, vous trouverez un petit mémo avec des personnes à consulter en cas de question ou de problème.

4 L'influence de la SOCIÉTÉ

Non, tout ne dépend pas que de nous. J'ai lu des dizaines de livres qui expliquent que tout est possible avec de la volonté, que tout repose sur nos épaules : c'est faux, et il faut apprendre à mettre à distance ce genre de discours. Nous sommes des individus, mais nous interagissons les uns avec les autres ; c'est ce qui fonde la vie en société et cela a des conséquences, pas toujours positives, sur nos sexualités.

LA CULPABILISATION ET LE TABOU

La sexualité fait partie de ces sujets tabous que l'on évite d'aborder au dîner avec ses parents. Si une grande majorité de parents ne parlent de sexualité à leurs enfants que sous l'angle de la contraception et de la protection, une autre portion tient des propos moralisateurs sur le sujet : « c'est mal de coucher », « une fille bien reste vierge », etc. Notre éducation sexuelle ou son absence conditionne notre rapport à la sexualité. Si vos parents vous ont répété d'attendre le mariage avant d'avoir des relations sexuelles, il sera peut-être compliqué pour vous de vous défaire de ce conditionnement. Si vous avez retenu que « les femmes qui sucent sont soumises », vous aurez peut-être du mal avec cette pratique. Et si l'on vous a transmis l'idée qu'une sexualité serait meilleure avec un gros pénis, vous complexerez peut-être sur la taille de votre sexe.

Commençons par prendre conscience de ces petites voix dans notre tête qui jugent notre vie sexuelle ou son absence. Ce ne sont pas les nôtres. Ce sont celles de la société, de nos parents, des hommes qui veulent garder le contrôle sur la vie sexuelle des femmes…

Disons-le clairement, la culpabilisation est un phénomène dont souffrent surtout les femmes. Être une femme à notre époque et avoir de multiples partenaires, des pratiques masturbatoires, et ne pas s'en cacher, est encore très mal vu. Il est fréquent dans ce cas d'être considérée comme une « salope », tandis qu'un homme qui a de nombreuses partenaires sera un don Juan. Et s'il se masturbe... quoi de plus normal, c'est un homme !

Il faut sortir de cette vision de la sexualité dans laquelle les hommes, ou les individus perçus comme tels, ont forcément plus de désir que les femmes. Chaque personne est unique. Un homme, pour être un homme, n'a pas besoin d'être excité en permanence. Cela n'enlève rien à sa masculinité. Et une femme peut avoir beaucoup de désir sans pour autant être hypersexuelle, monstrueuse ou déséquilibrée.

PRENDRE CONSCIENCE DES INJONCTIONS

Je suis persuadée que prendre conscience des injonctions qui pèsent sur nous est une première étape nécessaire pour faire des choix éclairés. Nous ne sommes jamais totalement à l'abri de ces injonctions tant les conditionnements sont forts, mais en prendre conscience constitue déjà une belle avancée.

Les injonctions sont nombreuses et visent tout le monde, mais elles pèsent plus fortement sur les femmes et les groupes minorisés (la communauté LGBTQIA+, les personnes handicapées, les personnes racisées...). Lorsqu'on entame un processus de réflexion sur ce phénomène, il est aussi important de reconnaître ses privilèges. Alors, rendez hommage aux personnes qui font de vous une personne plus consciente. Soutenez leur action, faites des dons aux associations, investissez-vous à votre échelle !

Les privilèges et les injonctions nous poursuivent jusque dans la chambre à coucher. Si vous êtes une femme ou que vous avez été conditionnée pour en être une, vous aurez plus de difficultés à vous affirmer ou à prendre les devants. Si vous êtes un homme ou si vous avez été conditionné comme tel, vous aurez l'impression de devoir à tout prix être performant, et si vous vous endormez après votre orgasme, cela semblera moins grave que si une femme le fait. Je ne dis pas que toutes les femmes sont ainsi. Ou que tous les hommes sont pareils. Je dis que les conditionnements dessinent de grandes tendances

LES LIVRES ET LES COMPTES QUI NOUS FONT RÉFLÉCHIR

Sur le racisme : @la.charge.raciale sur Instagram.

Sur le handicap : la chaîne H Paradoxæ sur Youtube.

Sur le féminisme : *Présentes*, de Lauren Bastide, paru chez Allary Éditions en 2020.

Sur les genres et les transidentités : *Une histoire de genres*, de Lexie, paru chez Marabout en 2021.

Sur la sexualité : *La Charge sexuelle*, de Caroline Michel et Clémentine Gallot, paru chez First Éditions en 2020.

dans nos comportements et que ce que vous pensiez être un trait de caractère est en fait le fruit d'un long processus social.
Identifier les privilèges dont nous bénéficions, les oppressions dont nous sommes victimes et les conditionnements qui nous composent est une étape nécessaire pour accéder à une sexualité plus consciente.

LES TRAVAUX PRATIQUES

Je vous invite à faire un petit bilan sur vous-même et sur votre façon d'être dans votre sexualité. Rendez-vous page 61 pour évaluer à quel point vous vous reconnaissez dans chaque affirmation, afin de mieux prendre conscience des injonctions qui pèsent sur vous. Vous pouvez colorier ou cocher les cases de 0 (si l'affirmation ne vous concerne pas du tout) à 4 (si l'affirmation vous concerne beaucoup).
Note : la douleur n'est jamais normale. Consultez sans attendre. Une relation sexuelle sans consentement représente une agression sexuelle ou un viol, même dans le cadre du couple. Reportez-vous au chapitre sur les relations toxiques pour trouver des ressources.

5 Être en paix avec sa LIBIDO

Les problèmes de libido sont les premières causes de consultation en sexologie. Dans une société qui pousse à entretenir sa sexualité toujours plus frénétiquement, ne pas vouloir de sexe, avoir une baisse de libido ou vouloir faire une pause est souvent perçu comme un problème. Rappelons dans un premier temps que l'objectif est toujours votre bien-être et non la conformité aux normes.

SORTIR DE LA NORMALITÉ

La normalité est un piège. On s'imagine une normalité dans laquelle il est acceptable de se situer : faire l'amour deux fois par semaine, pas trop en missionnaire, toujours en veillant à pimenter sa vie de couple. Dans la réalité, il existe autant de sexualités que de personnes et, si l'on peut définir certaines tendances, ne pas s'y conformer ne fait pas de vous une personne monstrueuse.
Et surtout, la vie n'est jamais constante. Il y a des périodes où l'on a envie de se masturber deux fois par jour, d'autres où l'on ne veut plus rien faire du tout, des moments de sexe tendre et des moments plus fougueux.
S'enfermer dans une norme est terrible pour nos sexualités : on réduit le champ des possibles et on bride son plaisir.

En réalité, vouloir s'inscrire dans la normalité à tout prix n'est pas forcément l'idéal. La norme, c'est ce qui est le plus répandu. C'est ce qui est dépourvu de tout caractère exceptionnel. La norme peut être rassurante et séduisante. Est-elle pour autant acceptable ? Est-elle pour autant épanouissante ? Vouloir rentrer dans les normes reflète plutôt un manque de repères et d'informations en matière de sexualité. Et cette méconnaissance est telle que l'on ne sait plus à quoi s'accrocher pour se rassurer. Alors, dès à présent, ne vous demandez plus : « est-ce que c'est normal ? », mais « est-ce que ça me fait du bien ? » ou « est-ce acceptable pour moi ? ».

On nous a vendu un mythe. Le mythe du couple synchronisé. Quand l'un des membres du couple a envie, l'autre aussi. Mettons une chose au clair : les couples qui ont systématiquement envie en même temps n'existent pas. Ce serait plutôt pratique, mais cela reste du domaine de la fiction. Le couple est une unité composée de deux individus distincts avec des problématiques personnelles, des cheminements singuliers et des rythmes différents. Il est illusoire de penser que les désirs pourraient s'accorder naturellement tout le temps, encore plus dans les couples de longue durée. Il est vrai que tout semble simple aux prémices d'une relation, lorsque le cocktail d'hormones chez les deux partenaires favorise les relations sexuelles et une entente harmonieuse. Mais dans la durée, le désir et l'intimité ont besoin de soin et d'attention pour perdurer.

Si vous n'accordez pas de temps et d'espace à votre vie intime, celle-ci ne pourra tout simplement pas exister. Peut-être est-ce voulu ? Et encore une fois, du moment que vous le vivez bien, il n'y a aucun problème. Mais peut-être pensez-vous que le désir s'entretient seul, sans investissement de votre part. Par investissement, je ne sous-entends pas qu'il faudrait se forcer : **en aucun cas.** Je parle d'accorder de l'attention et de l'importance à votre vie intime et émotionnelle. Si vous êtes à l'aise sans sexualité, cela ne doit pas vous poser de problème. C'est votre fonctionnement. Vous ne voulez peut-être pas de sexualité dans votre vie ; acceptez-le. Cela peut être temporaire ou permanent ; l'important est votre bien-être. Mais si vous sentez que des problématiques psychologiques ou médicales vous empêchent d'accéder à une sexualité plus épanouie, n'hésitez surtout pas à consulter. Et si vous vous sentez loin de votre partenaire, que vous ne comprenez pas ce fossé dans votre vie intime, je vous invite à lire la suite.

Honnêtement, est-ce que l'intimité a une place importante dans votre vie ? Est-ce que vous prenez le temps de vous connecter à votre partenaire ? De lui montrer que vous voulez être intime avec lui ou elle ? Est-il nécessaire pour vous d'avoir une vie sexuelle épanouie ? Comment vous sentez-vous lorsque le désir baisse dans votre couple ? Ou dans votre vie ?

SORTIR DE LA CULPABILITÉ

On peut facilement se sentir coupable lorsque les désirs au sein du couple ne s'accordent pas. Beaucoup de femmes consultent, parce qu'elles souffrent d'une différence de libido dans leur couple et que leur partenaire exerce une pression sur elles. Rappelons que c'est absolument inacceptable. Le chantage, la pression, les demandes répétées faussent le consentement : si vous êtes celui ou celle qui les exerce, sachez que votre partenaire pourrait céder pour que vous cessiez. Et céder n'est pas consentir. Cela transforme vos rapports sexuels… en agressions sexuelles. Si vous n'avez pas l'habitude de lire ces mots, peut-être vont-ils vous sembler forts, surtout si vous êtes dans le cas où vous avez l'habitude de vous forcer. Souvenez-vous que se forcer, ce n'est pas consentir : je vous laisse retourner au chapitre sur les personnes toxiques page 12 pour trouver des outils.

Si vous êtes en couple avec une personne qui n'a plus de libido ou qui a moins envie d'avoir des relations sexuelles, ne le prenez pas personnellement. Les causes d'une baisse de libido sont multiples. Remplissez votre rôle de partenaire : soyez un pilier, une oreille attentive. Laissez-lui de l'espace et n'insistez jamais. Entretenez la communication. Parlez de ce que vous ressentez sans accuser l'autre et laissez votre partenaire s'exprimer. Il est important de maintenir la discussion ouverte sur le sujet : parler permet d'identifier les causes de ce manque d'envie, de mieux les comprendre et de trouver des solutions pour agir sur elles.

Rappelons que le désir n'a rien à voir avec l'amour. On peut aimer très fort une personne sans la désirer sexuellement. On peut désirer fortement quelqu'un sans pour autant l'aimer. Bien sûr, les deux peuvent être corrélés, mais il s'agit avant tout de deux sentiments distincts. Ne prenez pas la baisse de libido de votre partenaire comme un manque d'amour par défaut : communiquez et parlez de ce que vous ressentez. C'est la seule façon de comprendre et d'agir. L'absence de désir de votre partenaire ne vous rend pas moins désirable. Vous êtes toujours une belle personne, désirable, capable d'amour et digne d'être aimée. Cela ne changera jamais. Encore une fois, restez en alerte. Une baisse de libido peut avoir des milliers de causes possibles; quelques-unes vous sont présentées ci-dessous.

LES ENNEMIS DE LA LIBIDO

Identifier les raisons d'une baisse de libido est important pour mieux comprendre ce qui nous arrive. Dans l'absolu, n'hésitez pas à consulter un ou une sexologue; cela peut être d'une aide précieuse! En attendant, faisons un petit tour d'horizon des causes principales.

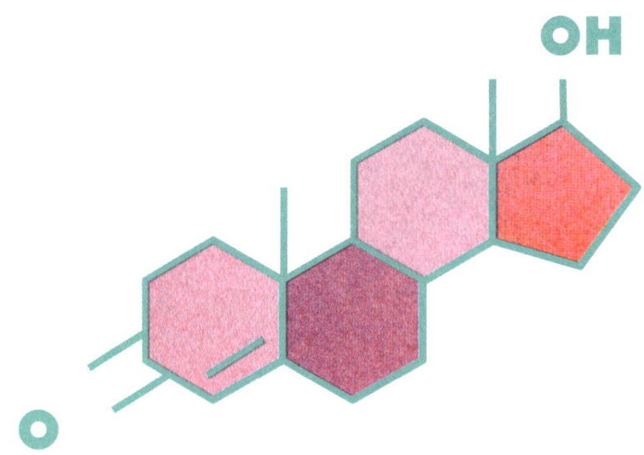

Les hormones

Beaucoup de personnes rapportent que le fait de prendre la pilule fait baisser leur libido. D'autres traitements ou moyens de contraception à base d'hormones peuvent avoir le même effet. C'est une raison légitime pour changer de pilule ou de moyen de contraception si vous le pouvez. Votre sage-femme ou votre gynécologue doit veiller à votre bien-être et n'a pas le droit de s'opposer à ce choix. Votre consentement prime. Votre sage-femme ou gynécologue doit vous conseiller et vous renseigner de sorte que vous ayez toutes les clefs en main pour faire un choix éclairé.

Le cycle menstruel avec ses variations hormonales influe également sur la libido. Par exemple, l'ovulation et son pic d'œstrogène favorisent, en général, les relations sexuelles. Mais encore une fois, ce n'est pas le seul facteur à prendre en compte.

Remarquez-vous des variations de libido en fonction de votre cycle ou à la suite de la prise d'une nouvelle contraception hormonale ?

Le stress, la fatigue

On a rarement envie de faire l'amour quand on stresse ou que l'on ressent beaucoup de fatigue. Rien d'étonnant à ce que la libido des jeunes parents baisse alors : l'arrivée d'un bébé représente souvent un moment compliqué, mélange de remise en question, de stress et de fatigue.

Sur une échelle de 1 à 10, à quel point ressentez-vous de la fatigue en ce moment ?

Une dysfonction dans le couple

Des disputes répétées, un conflit non résolu ou des non-dits peuvent influer négativement sur la libido et la sexualité. Les sexologues et sexothérapeutes accompagnent les couples qui le souhaitent pour les aider à surmonter ces difficultés et à retrouver un équilibre.

Trouvez-vous que votre couple est épanoui ? Rencontrez-vous des difficultés et souhaiteriez -vous en parler ?

Un changement important

Les traumatismes, les divorces, les maladies et tous les changements brutaux peuvent avoir des effets sur la libido. Chaque personne a sa propre façon de vivre les événements : tenez-en compte. Vous pouvez par exemple vivre sereinement un déménagement, tandis que cela sera source d'angoisse pour votre partenaire.

Un événement de ce type est-il survenu récemment dans votre vie ?

Le tabac, les drogues, un traitement

Beaucoup de substances sont susceptibles de faire baisser la libido : les antidépresseurs, les drogues, le tabac... Si vous prenez un traitement que vous ne pouvez pas changer pour raison de santé, un accompagnement psychologique peut vous aider à surmonter les angoisses liées à votre absence de libido. Ne négligez pas les effets de la culpabilité ou de vos doutes sur votre santé mentale. Si vous pensez que votre consommation de drogues a des répercussions sur votre sexualité et que vous souhaitez y réfléchir et trouver des solutions, le personnel médical (sexologue, addictologue, généraliste, psychiatre...) est là pour vous aider à aller vers un mieux-être.

Quel est votre rapport aux drogues ? Prenez-vous un traitement qui peut influer sur votre libido ? N'hésitez pas à en parler avec votre médecin.

LA LIBIDO, ÇA SE TRAVAILLE !

Rassurez-vous : la libido revient généralement une fois que vous avez fait votre deuil, achevé votre traitement, trouvé un meilleur équilibre professionnel, ou simplement après avoir fait une pause. Parfois, le corps a besoin d'un *break*. Vous vous épanouissez en dehors du cadre sexuel et cela vous convient totalement. Votre libido reviendra tranquillement quand vous en ressentirez le besoin.

Mais si ce manque d'envie se prolonge alors que vous avez envie de retrouver de l'intimité et du désir, sachez qu'à travers des exercices réguliers de reconnexion à soi et à ses sensations, il est possible de réveiller et d'entretenir progressivement sa libido.

PETIT POINT sur les HAUSSES DE LIBIDO !

On a beaucoup parlé jusqu'ici des baisses de libido mais, à l'inverse, avoir une forte libido peut aussi être une source d'angoisse, particulièrement chez les femmes. Une femme qui en a beaucoup sera très vite cataloguée comme « nymphomane », un terme sexiste qui tend à considérer le désir féminin comme une pathologie…

On peut être une femme et avoir plus de libido qu'un homme : c'est tout à fait normal. Comme on peut aussi être un homme avec peu de désir. Il n'y a aucun problème à cela.

On parle d'hypersexualité quand la sexualité amène à adopter des comportements jugés extrêmes ou dangereux. Mais cela n'a rien à voir avec un important appétit sexuel : la personne hypersexuelle vit cela comme une souffrance et finit par négliger les autres aspects de sa vie, car elle est incapable de penser à autre chose que son désir sexuel. L'Organisation mondiale de la santé (OMS) parle dans ce cas de « comportements sexuels compulsifs » (source : Organisation mondiale de la santé, *Classification internationale des maladies*, « 6C72. *Compulsive sexual behaviour disorder* », septembre 2020, icd.who.int). La question fait encore débat dans le monde médical, mais une chose est sûre : les sexologues et sexothérapeutes sont là pour vous aider en cas de souffrance !

Le premier exercice que je vous propose est une méditation sensuelle. Asseyez-vous ou allongez-vous dans une position confortable. Inspirez par le nez et expirez par la bouche. Caressez vos pieds tout en prêtant attention aux sensations éprouvées. Remontez le long de votre corps en restant pleinement en alerte : que ressentez-vous ? Est-ce agréable ? Parcourez des doigts vos jambes, vos cuisses, votre pubis, votre ventre, votre torse ou votre poitrine... et même votre tête ! Cet exercice a pour but de vous reconnecter à vos sensations et à votre vécu physique. Essayez de le pratiquer sous une douche bien chaude !

Accorder de l'attention à sa libido est souvent une belle façon de la faire revenir. Cependant, il ne s'agit pas d'une solution miracle. Parfois, on n'est tout simplement pas compatible avec son ou sa partenaire. Nos envies sexuelles diffèrent beaucoup trop, tout comme nos rythmes de vie. Se séparer parce que notre épanouissement sexuel n'est pas atteint est une raison légitime. N'ayez pas honte de vouloir trouver votre bonheur ailleurs.

L'incontournable RÉFÉRENCE SUR LE SUJET

La Salope éthique. Guide pratique pour des relations libres sereines, de Dossie Easton et Janet W. Hardy, paru chez Tabou en 2013.

Beaucoup de couples songent également à ouvrir leur relation et à quitter le modèle de l'exclusivité sexuelle et affective. Permettre à son ou sa partenaire et se permettre à soi de fréquenter d'autres personnes peut être une solution si tout le monde est absolument d'accord avec cette idée. Certains couples s'enferment dans le schéma de la monogamie et comprennent des années après que ce modèle ne leur convient pas.

LES TRAVAUX PRATIQUES

Pensons intimité avant de penser sexualité. Ce n'est pas une fin en soi, mais un moyen de se connecter à l'autre, d'échanger, de communiquer à la fois avec l'esprit et le corps. Rendez-vous page 63 pour réfléchir à tout ce qui vous permet de renforcer la complicité et l'intimité avec votre partenaire : les moments tendres, les qualités que vous appréciez chez l'autre et chez vous-même...

À la page 65, vous trouverez une météo du couple ! Chaque matin, remplissez le petit tableau. N'hésitez pas à le photocopier ou à le recopier si vous souhaitez continuer l'exercice sur plusieurs semaines. Et si vous êtes célibataire, vous pouvez aussi remplir le tableau pour mieux vous connaître. Indiquez en début de journée l'état dans lequel vous êtes : vous avez besoin de tendresse, besoin de vous reconnecter à l'autre, envie de partager un moment sexuel, besoin de solitude... Vous pouvez même créer vos propres codes !

6 Le matériel pour partir en SEXPLORATION

Pour vous découvrir sexuellement, vous n'aurez besoin que de… vous-même. Il n'y a pas besoin de plus. Cependant, si vous le souhaitez et si cela peut vous aider, certains outils et objets peuvent être très pratiques.

LES OBJETS POUR SEXPLORER

Des miroirs ou un téléphone

Un petit miroir portable sera très pratique pour regarder votre sexe en détail, mais un téléphone avec une caméra de bonne qualité pourra faire l'affaire. Vous pouvez aussi utiliser un grand miroir pour vous regarder en entier ou pour observer des parties situées à l'arrière de votre corps !

Des jouets ou des cosmétiques

Les jouets sexuels, les *sextoys* ou encore les *lovetoys* sont de petits outils bien pratiques pour découvrir de nouvelles sensations : des vibrations, des textures inédites, des degrés de fermeté différents, des jeux de température… Je suis une adepte des *sextoys*. Ils nous permettent d'accéder à certaines pratiques lorsque nous ne trouvons personne pour les partager ou lorsque nous voulons les expérimenter dans la solitude. Par exemple, pratiquer la pénétration vaginale avec un calibre plus gros que celui des doigts est possible avec les *dildos*, découvrir la double pénétration devient accessible à l'aide de deux jouets, et expérimenter le plaisir anal peut se faire en solitaire grâce à un petit *plug*.

Le lubrifiant à base d'eau ou de silicone est une façon d'ajouter du confort dans sa découverte (attention, car ce dernier n'est pas compatible avec les jouets en silicone). Si vous avez des difficultés à vous lubrifier naturellement, ce type de produit est votre meilleur allié.
L'utilisation d'une huile augmente le plaisir durant un massage. Réchauffez-la dans vos mains avant de l'appliquer sur votre corps. Pour les massages sur la peau, vous pouvez par exemple utiliser de l'huile de coco.
Quelques accessoires comme des plumes, de l'eau chaude pour y tremper ses doigts avant de se toucher, de la peinture pour le corps, des lumières apaisantes et une bonne dose de *self love* peuvent également être utiles pour la suite de votre aventure.

L'ACCESSIBILITÉ ET LES FREINS

Encore une fois, l'idée n'est pas de créer de nouvelles injonctions ! La sexploration n'est pas une obligation. Et surtout, elle n'est pas accessible à tout le monde dans les mêmes conditions.

Les handicaps

Les personnes en situation de handicap qui ressentent des douleurs chroniques, par exemple, peuvent avoir des difficultés à adopter certaines positions ou à prendre du plaisir dans certaines situations. Si tel est votre cas, et quel que soit le handicap, n'hésitez pas à faire ces exercices à l'aide d'une personne de confiance (votre partenaire, par exemple) si vous souhaitez tout de même les essayer.

N'hésitez pas à adapter les exercices pour les rendre les plus confortables possible pour vous. Par exemple, si vous ne pouvez pas vous regarder à l'aide d'un petit miroir, peut-être en avez-vous un grand dans lequel vous pouvez vous voir en entier ? Ou peut-être pouvez-vous vous filmer avec un retardateur ? Si vous ne pouvez pas toucher votre corps, pratiquez les exercices de méditation et de reconnexion à vos sensations. Aucun exercice n'est fait pour être appliqué à la lettre. Que vous soyez en situation de handicap ou non, l'objectif est votre bien-être : adaptez les exercices à vos besoins et envies et supprimez ceux qui vous sont impossibles.

Les traumatismes

À la suite d'un traumatisme, les exercices d'ancrage et de reconnexion à ses sensations peuvent être très violents à expérimenter. En effet, pour survivre aux traumatismes, le corps et le mental « se séparent » : pratiquer des exercices qui vous forcent à habiter pleinement un corps qui a été traumatisé peut donc être très violent, décourageant et culpabilisant. Si vous vous reconnaissez dans ces mots, n'hésitez pas à vous faire accompagner par un ou une spécialiste, sexologue ou psychologue.

La précarité/la pauvreté

Si vous disposez de peu de moyens financiers, voici quelques *tips*. Sachez d'abord que seuls votre corps et l'envie de vous sexplorer sont absolument nécessaires. Si les lubrifiants n'entrent pas dans votre budget, tournez-vous peut-être vers le gel d'aloe vera : il est souvent vendu en plus grosse quantité et pourra être utilisé à d'autres fins, par exemple pour adoucir vos poils ou hydrater d'autres zones de votre corps. Quant aux huiles, il vaut mieux éviter de les mettre en contact avec les muqueuses, mais une bonne huile de coco fera l'affaire pour un massage et sera réutilisable en cuisine ! Enfin, ce cahier est conçu pour vous fournir un maximum d'outils clefs en main, qui seront suffisants pour une première approche.

LES TRAVAUX PRATIQUES

Préparez-vous un petit jardin secret. Rendez-vous page 67 pour dessiner les objets qui vous attirent pour une sexploration sur mesure ! Vous pourrez ensuite les rassembler dans une boîte (à chaussures ?) que vous mettrez près de votre lit, par exemple.

7 SEXPLORER la vulve

Depuis l'enfance, on nous répète que nos vulves sont obscènes et qu'elles doivent être cachées. Les toucher ? N'en parlons pas, c'est résolument affreux ! Les femmes qui prennent en main leur sexualité et qui connaissent leur corps sont perçues comme effrayantes par la société. Ce sujet n'est pas nouveau. On a donc créé l'épilation, la chirurgie des lèvres de la vulve (la labioplastie), les parfums pour le vagin... Tout cela dans le but de faire des vulves des sexes maîtrisables. Quand elle est toute lisse et conforme à l'image que s'en fait la société, la vulve n'est plus menaçante.

Les représentations visuelles que l'on peut croiser dans les dictionnaires ou les films pornographiques sont conformes à cet idéal. Quel choc lorsque l'on découvre que nos vulves se démarquent de ces représentations ! On a la sensation d'avoir un sexe monstrueux, unique et complètement différent de celui des autres. Ces images nous font complexer, car elles nous divisent : comment créer de l'unité quand chaque personne pense dans son coin que sa vulve est horrible ?

Le tabou nous empêche de parler. Il nous enferme dans la honte. Mais heureusement, les mentalités évoluent. Nous parlerons. Nous nous libérerons de la honte ensemble, avec nos mots, en mettant en commun nos expériences.

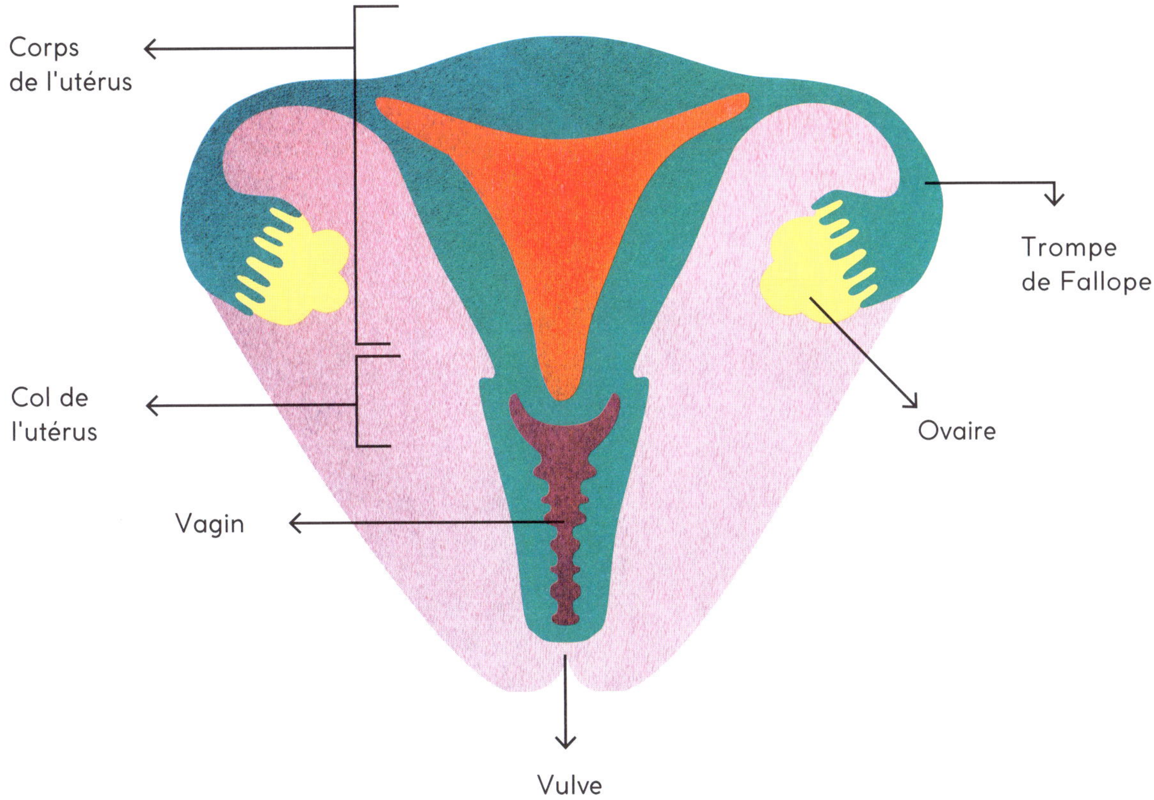

QUELQUES RAPPELS ANATOMIQUES

Commençons par le début : la vulve, c'est la partie externe du sexe. Le vagin, c'est le canal qui va jusqu'au col de l'utérus. Le vagin n'est pas un trou.

Au repos, les parois sont collées, ou presque. Le vagin est très extensible, et c'est bien normal ! Il doit pouvoir laisser passer une tête de bébé. Mais pas de panique ; il retrouve sa forme originale après une pénétration ou un accouchement.

Le vagin ne devient pas plus large au fur et à mesure des pénétrations. De la même façon, il n'est pas plus serré avant une première pénétration. En revanche, le stress de la première fois peut nous faire contracter le périnée, et *a fortiori* le vagin. Confiance, communication et consentement sont donc de rigueur.
Lorsque le périnée se contracte de manière involontaire pendant une période prolongée et qu'il empêche toute pénétration sexuelle – ou même l'insertion d'un tampon –, on parle de vaginisme. Guérir du vaginisme, ce n'est pas juste se rendre « pénétrable » à nouveau, c'est retrouver un bien-être sexuel global. Pour en guérir (et cela se guérit très bien !), il est conseillé de consulter un ou une spécialiste en rééducation du périnée (sage-femme ou kinésithérapeute), qui établira un bilan et vous conseillera des exercices. Par ailleurs, les sexologues et sexothérapeutes sont là pour vous accompagner sur l'aspect psychologique et pour vous aider à travailler sur vos traumatismes, blocages et appréhensions.
Même une fois le périnée rééduqué, on peut toujours avoir peur ; alors n'hésitez pas, si c'est votre cas, à consulter des professionnel·les de la santé mentale.

Le périnée, c'est un ensemble de muscles, de tissus et de ligaments qui vient contrôler la fermeture du vagin, de l'anus, et même de l'urètre. C'est le périnée qui vous permet d'uriner ou de serrer très fort avec votre vagin votre *sextoy* préféré ! On peut blesser son périnée au cours de sa vie, sans même avoir eu d'enfant, à cause d'une pratique sportive intense ou de mauvaises habitudes. La rééducation du périnée peut donc concerner tout le monde, pas seulement les personnes qui viennent d'accoucher.

Le vagin et l'hymen

À l'entrée du vagin se trouve l'hymen, mais pas chez tout le monde ! En pratiquant certains sports, en utilisant un tampon ou en étant victime d'une chute, on peut étirer ou déchirer son hymen. Il s'agit d'une petite membrane peu voire pas innervée et peu vascularisée, donc lorsqu'elle s'étire ou se déchire, cela ne fait pas mal. Dans le pire des cas, il y aura un peu de sang. L'hymen est pourvu d'un ou plusieurs trous pour laisser s'écouler les règles. Dans de rares cas, il est très résistant et bloque leur évacuation. Une petite intervention chirurgicale suffit alors pour régler le problème !

En réalité, les douleurs liées aux premières pénétrations ne sont pas dues à l'hymen dans l'écrasante majorité des cas, mais à un manque de lubrification ou à une montée de stress. Le périnée se contracte sous l'effet du stress, ce qui rend la pénétration douloureuse, voire impossible. Si cela vous arrive, pas de panique. Ne forcez jamais. Prenez une grande inspiration, regardez votre partenaire dans les yeux, et faites-vous plaisir autrement. Votre périnée parviendra peut-être à se détendre, ou peut-être pas, mais quoi qu'il en soit, ce n'est pas un échec. Vous gagnerez en confiance au fur et à mesure de vos expériences. Ne vous mettez pas la pression et attendez de voir comment cela évoluera au fil de vos relations sexuelles.

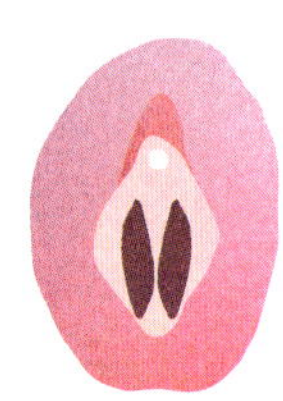

Hymen séparé

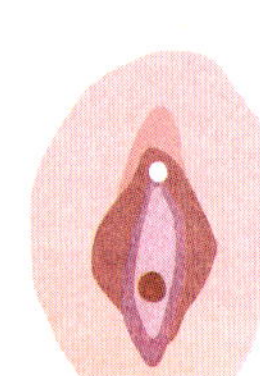

Hymen annulaire

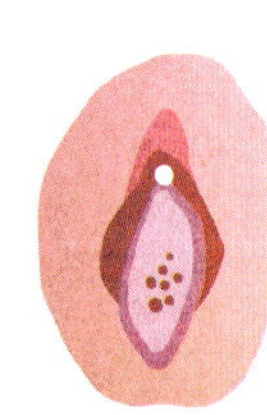

Hymen cribriforme

Hymen imperforé

Hymen perforé

IDÉES REÇUES sur l'hymen et la virginité

L'hymen ne donne aucun indice sur la virginité d'une personne. Vous pouvez perdre votre hymen très jeune avant d'avoir une quelconque vie sexuelle. De plus, il est réducteur de lier virginité et pénétration. La sexualité est riche : elle ne se limite pas à la pénétration – et heureusement ! D'ailleurs, le concept même de virginité s'applique particulièrement aux femmes. Il détermine leur pureté avant le mariage ; il laisse penser qu'une première pénétration est forcément douloureuse ; et, pour couronner le tout, il fait passer pour des « salopes » toutes les femmes qui ne sont plus vierges. Je pourrais encore ajouter qu'il sous-entend que les femmes doivent forcément être pénétrées par des hommes, mais vous avez bien compris que je n'aime pas vraiment ce concept ; donc libre à vous de l'adopter ou de le rejeter.

Le périnée

Avez-vous déjà eu un orgasme alors que vous vous reteniez de faire pipi depuis très longtemps ? C'est grâce au périnée ! Il est connecté à votre clitoris ; dès lors, la pression de la vessie ajoutée à la contraction du périnée peut avoir cet effet. Bon, je ne vous recommande pas du tout de chercher à reproduire cela volontairement : c'est un facteur important d'infection urinaire. En revanche, en ayant un périnée réactif, on augmente son plaisir sexuel, non seulement lors des pénétrations, mais aussi en stimulation externe. Le simple fait de contracter le périnée joue sur le clitoris ! Pour apprendre à bouger votre périnée, imaginez une fermeture éclair qui démarre de l'anus et qui remonte jusqu'aux abdominaux. Inspirez tranquillement. Lorsque vous expirez, contractez les muscles de l'anus, du vagin, puis des abdominaux, en visualisant la fermeture éclair qui se referme !

Lorsqu'une personne transgenre transitionne avec des hormones, son gland de clitoris peut gonfler pour former ce que l'on appelle un *dicklit*. Ce mot est la contraction de *dick* (bite) et *clit* (clitoris). Certaines personnes transgenres vont préférer parler de leur sexe comme d'un pénis. Pour ce qui est de procurer du plaisir, le *dicklit* reste similaire dans son fonctionnement au clitoris ; cependant, pendant la prise d'hormones, sa sensibilité peut être décuplée. Cela dépend des personnes. À vous d'adapter vos pratiques à votre sensibilité.

Le clitoris

Le périnée est connecté au clitoris, cet organe merveilleux uniquement dédié au plaisir ! La partie visible du clitoris est constituée d'un gland, recouvert par un capuchon aussi appelé prépuce. Lorsque le corps est excité, le gland entre en érection et sort de son capuchon. Il peut alors mesurer de 3 à 5 millimètres en moyenne, mais il existe des glands de toutes les tailles ! Parfois, il est très peu visible, et parfois, très grand. C'est normal : tous les glands sont dans la nature !

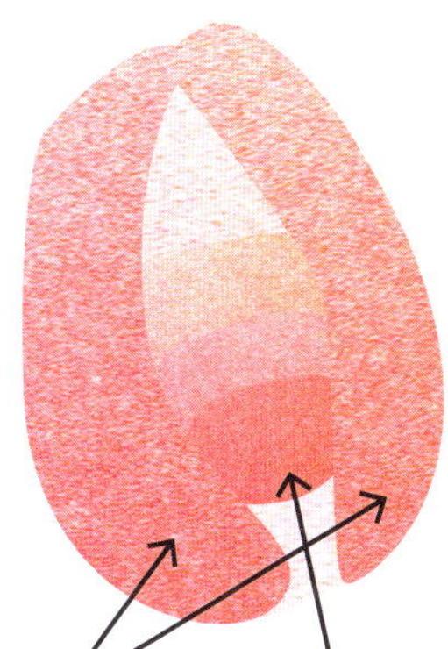

En interne, il y a les corps caverneux et les corps spongieux. Ces derniers viennent se gorger de sang lorsque l'excitation est suffisante... comme un pénis qui entre en érection ! Mais peut-être est-ce le pénis qui copie le clitoris ? Peu importe ! On observe de nombreuses similitudes physiologiques entre les deux, et c'est bien normal. *In utero*, nous avions un sexe qui n'était ni vulve ni pénis. On dit qu'il n'était pas phénotypique, c'est-à-dire qu'il ne correspondait à aucun archétype connu. C'est au cours du troisième mois de grossesse que le sexe d'un bébé commence à se différencier ; mais à l'origine, tout le monde a le même !

Je vous propose de dessiner un clitoris tel que vous le percevez actuellement. Tout le monde sait dessiner des pénis, mais saurez-vous dessiner un clitoris ? Rendez-vous page suivante pour voir notre version !

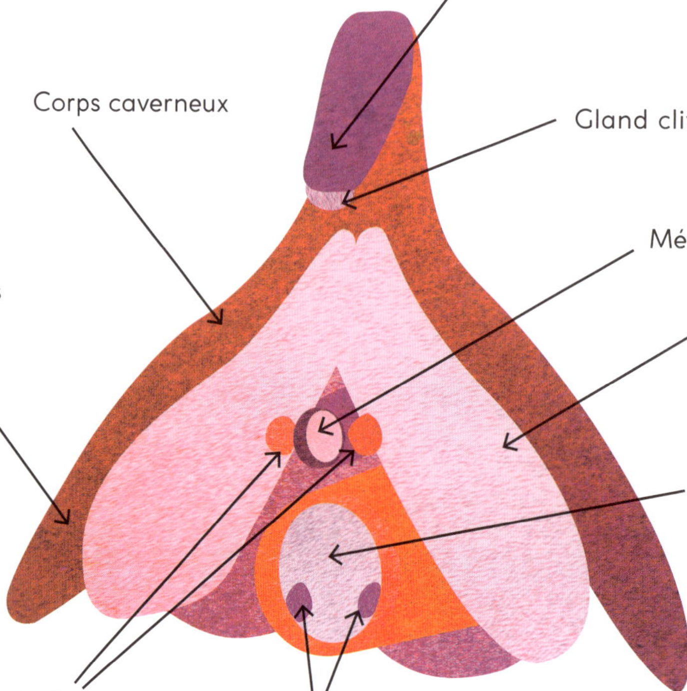

L'anus et le rectum

Le plaisir anal, quant à lui, n'est pas que psychologique, même si le mental joue beaucoup, peu importe la zone stimulée. Le clitoris est relié à l'anus grâce au nerf pudendal. Lorsque l'on stimule l'anus, on stimule aussi indirectement le clitoris via ce nerf.

Beaucoup de personnes se sentent honteuses, car elles n'ont des orgasmes qu'en stimulant leur anus. Mais il n'y a aucun mal à cela ! Le plaisir n'est pas honteux et tout le monde n'est pas sensible pareillement aux mêmes endroits.

Tout le corps est érotisable

Il était important pour moi de bien rappeler le fonctionnement et l'anatomie de la vulve et de l'anus, mais il faut savoir que tout le corps est en réalité érotisable. Je pense qu'il faut garder à l'esprit que nous sommes des êtres humains, pas des fragments de corps à qui on ferait l'amour.
Pour donner un exemple, beaucoup de personnes disent avoir connu des orgasmes après une stimulation mammaire ou lorsqu'elles se sentaient complètement sereines, dans un état de quiétude absolue.

SEXPLORATION SENSUELLE

Maintenant que les bases théoriques sont posées, nous allons joyeusement passer aux travaux pratiques !

1

Regarder sa vulve peut être intimidant ; alors, dans un premier temps, je vous propose de la toucher simplement. Lorsque vous êtes sous la douche, prenez le temps de caresser votre pubis comme vous auriez caressé une personne que vous aimez. Passer votre main sur vos lèvres externes, ressentez leur texture, leur élasticité. Placez votre main de telle sorte qu'elle épouse la forme de votre vulve et massez doucement la zone.

2

Vous pouvez descendre un peu plus bas, juste en dessous du vagin. Appuyez un peu. Peut-être ressentez-vous des tensions. Le périnée passe juste là. Avec un doigt enduit d'huile de massage (ou de coco, ou d'amande douce), venez masser dans le sens des aiguilles d'une montre les points qui vous paraissent tendus.
Si vous avez accouché récemment et que vous avez eu des points de suture, il est possible que la zone soit très tendue. En cas de douleur, parlez-en à votre médecin. Mais si cela vous soulage, alors continuez à travailler l'élasticité des tissus en douceur.

3

Remontez jusqu'à votre clitoris. Sentez-vous le capuchon se soulever ? Sous la pulpe de vos doigts, vous devriez sentir une petite boule : c'est votre gland ! Les clitoris très sensibles apprécieront de rester cachés sous leur prépuce quand vous les touchez. Tandis que ceux moins sensibles adoreront être dévêtus de leur capuchon pour profiter pleinement des sensations !
Savoir situer son clitoris uniquement avec ses doigts et ses sensations est très utile lorsqu'on se masturbe, que l'on a une relation sexuelle ou que l'on utilise un *sextoy* ! Mais prendre le temps d'observer sa vulve, de la détailler visuellement, est aussi riche d'enseignements : pour la suite, vous aurez besoin d'un miroir ou d'un téléphone.

4

Commencez par regarder l'aspect global avec un miroir placé en face de vous, puis, observez votre vulve sous un angle plus méconnu en plaçant le miroir de façon à voir la face antérieure de votre sexe, celle située côté sol. Vous apercevez peut-être vos lèvres internes dépasser plus ou moins fortement, de façon symétrique ou asymétrique. C'est tout à fait normal. Leur couleur peut aller du rose au violet en passant par le marron. Vous pouvez les écarter pour voir où elles prennent naissance.

5

Posez votre regard sur votre prépuce : tirez-le vers le haut et observez votre gland se dégager. Quelle est sa taille ? Arrivez-vous à distinguer le prépuce qui coulisse du gland ? Parfois, le gland du clitoris est déjà partiellement dégagé du prépuce, parfois, il est totalement enfoui. Un clitoris totalement enfoui pourrait être à l'origine d'une hypersensibilité clitoridienne, ou clitoridynie. N'hésitez pas à consulter en cas de doute. Pas de panique si vous ne voyez pas votre gland : il est peut-être tout simplement très petit. Vous noterez que le zoom très puissant des derniers *smartphones* est super pratique pour observer tous les détails ! Finissez votre sexploration en regardant l'entrée de votre vagin, puis en descendant vers la zone située entre la vulve et l'anus, et enfin, en regardant votre anus. C'est vrai, on ignore souvent quel est son aspect !

LES TRAVAUX PRATIQUES

Pour clore ce moment d'exploration, je vous propose de vous rendre page 69 pour dessiner votre vulve telle que vous la percevez après avoir passé tous ces moments avec elle. L'image que vous vous faisiez de votre sexe a-t-elle évolué ? Rassurez-vous, tout prend du temps, et ce n'est que le début de votre histoire.

8 SEXPLORER le pénis

Avec la multiplicité des représentations de phallus et de pénis, on pourrait se dire que cet organe et son fonctionnement sont simples à comprendre et qu'une exploration serait superflue. Cette vision réductrice – d'un côté, une sexualité masculine qui serait mécanique et, de l'autre, une sexualité féminine qui serait complexe –, en plus d'être très binaire, empêche d'accéder à l'épanouissement. Tous les sexes et toutes les sexualités ont une part « mécanique » et une part « complexe ». Et cela dépend plus de la personnalité et de facteurs sociaux que de l'anatomie. Alors, partons en sexploration pénienne !

CRÉER SA PROPRE REPRÉSENTATION

La taille du pénis, la quantité de poils, la couleur du gland, la présence ou l'absence du prépuce sont des caractéristiques uniques. À chaque personne son pénis. Seulement, les différentes images que l'on peut trouver dans les films pornographiques ou sur les planches anatomiques représentent souvent le pénis de la même façon : quasi imberbe, de taille moyenne à grande, et blanc.

Sachez que les critères pour définir un beau pénis ne sont pas universels ni atemporels. Pendant l'Antiquité, avoir un petit pénis signifiait que l'on était totalement maître de soi, tandis qu'un gros pénis annonçait un caractère faible, dominé par les pulsions.

Pour démarrer votre sexploration, placez-vous debout devant un miroir, si possible en pied. En regardant votre pénis d'en haut, non seulement vous ne le verrez pas en entier, mais vous aurez aussi l'impression qu'il est plus petit. Simple question de perspective. De même, plus il sera couvert de poils, plus vous aurez l'impression qu'il est petit. Les poils longs cachent la base de votre pénis, rétrécissant artificiellement votre sexe.

Sexplorer, ce n'est pas se focaliser sur la taille : c'est aussi examiner les textures, les couleurs, les odeurs. Jamais la valeur d'un pénis ou sa capacité à donner du plaisir ne résidera dans sa taille. Penser qu'avoir un gros pénis est synonyme d'une vie sexuelle épanouie est une erreur : c'est croire que la taille influe forcément sur le plaisir et que la sexualité tourne nécessairement autour du pénis. En réalité, même pas besoin d'un sexe dur pour découvrir le plaisir sexuel !

Le gland

Commençons par le gland ! Sa couleur est généralement rose clair. Il est situé sous le prépuce, la peau qui coulisse et qui lui permet de rester humide. Lorsque le pénis est circoncis, le gland est apparent. Sa taille varie d'un individu à un autre. Si vous avez un prépuce, vous devriez pouvoir le faire coulisser naturellement, sans effort. Si ce n'est pas le cas, n'hésitez pas à consulter : il peut s'agir d'un phimosis. Le gland a une sensibilité variable : certaines personnes sont très sensibles, voire hypersensibles. D'autres ont des zones érogènes bien plus réceptives que le gland.

Le frein, c'est le petit bout de peau qui relie le prépuce à la verge. Il est non seulement plutôt utile, mais aussi très innervé. C'est une zone qui peut être très intéressante à stimuler.
Enfin, sur le gland, on peut observer l'urètre. L'urine et le sperme sont évacués grâce à ce même canal urétral.

La verge

La verge, c'est la colonne du pénis qui relie la base du sexe au gland. Elle est composée de corps spongieux et caverneux qui vont se gorger de sang au moment de l'érection. Ce n'est donc pas un muscle ! Des pénis très petits à l'état flaccide peuvent devenir très gros lors de l'érection, tandis que d'autres garderont une taille à peu près similaire. Chaque pénis est unique ! On peut observer sur la verge des grains de beauté, des veines apparentes ou en relief, des petites taches rouges... Et c'est tout à fait normal. Naturellement, la verge peut partir un peu à droite ou à gauche lors de l'érection.

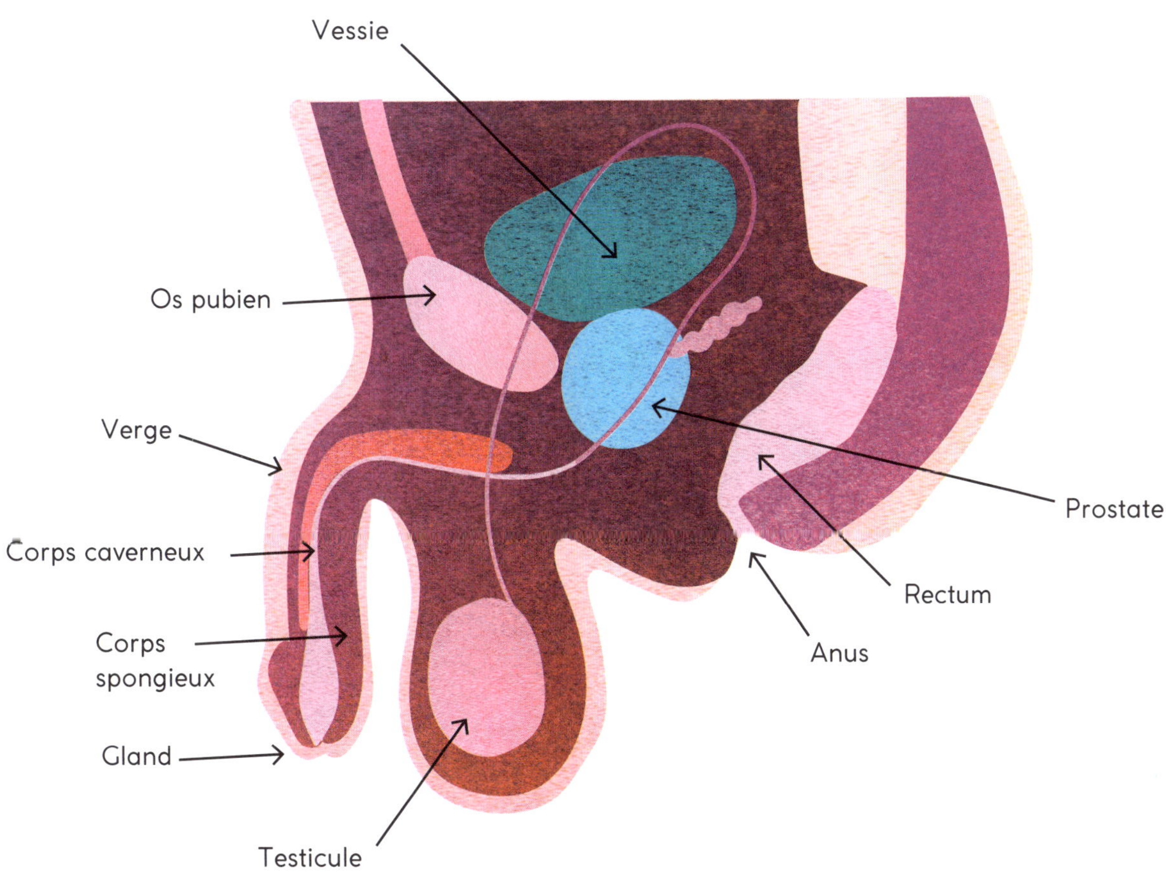

Les testicules

En dessous de la verge, il y a le scrotum, le sac qui contient les deux testicules. Ce sont eux qui produisent la testostérone et les spermatozoïdes. Si les testicules sont à l'extérieur, c'est pour conserver une température inférieure à celle du corps humain, plus propice aux spermatozoïdes.

Les testicules sont souvent asymétriques ! Mais le corps humain est, de façon générale, rarement symétrique. Vous pouvez observer une petite ligne brune qui sépare le scrotum en deux depuis le frein jusqu'à l'anus. Cette ligne peut être plus ou moins foncée selon les individus. Ce fameux « raphé périnéal » apparaît lorsque les tissus se rejoignent lors de la formation d'un être vivant *in utero*.

La prostate

C'est la grande oubliée du plaisir sexuel. Cet organe se situe sous la vessie et entoure l'urètre à l'avant du rectum. Elle aide notamment à la production du sperme, mais joue aussi un rôle dans le plaisir sexuel. On parle souvent du point P... Eh bien, le voici : en entrant un doigt dans votre rectum dirigé vers votre pénis, vous devriez réussir à stimuler votre prostate. De nombreuses personnes relatent des orgasmes bien supérieurs en intensité grâce à la prostate et font part d'expériences multi-orgasmiques.

Le périnée

Eh oui, tout le monde a un périnée. Le périnée part de l'anus et va jusqu'au pubis. En forme de hamac, il intervient notamment dans l'éjaculation, l'érection et la miction (le fait d'uriner). C'est le périnée qui nous permet de contracter le rectum également ! Il joue par ailleurs un rôle dans le plaisir sexuel : le masser permet de soulager certaines tensions et aide à profiter du moment présent. Vous pouvez l'atteindre en partie en venant appuyer et en faisant des petits cercles au niveau de la zone située entre le scrotum et la base de la verge.

Le pubis

Le pubis est un os, mais ce terme désigne aussi la zone recouverte de poils au-dessus de la verge. Les poils constituent une barrière naturelle contre les bactéries. Avec une bonne hygiène, ils ne sont pas sales !

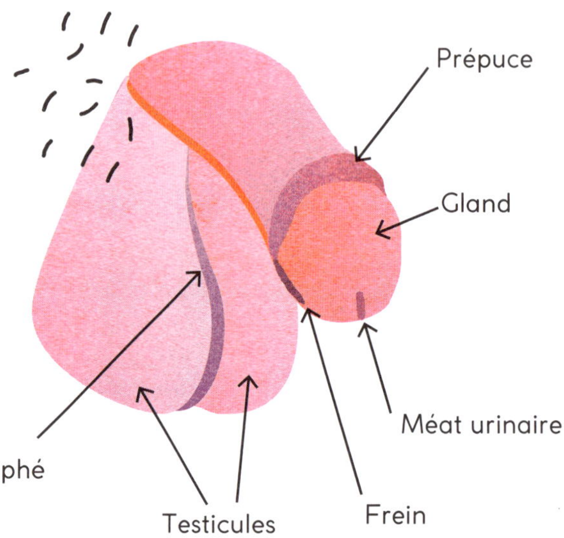

Beaucoup d'hommes n'osent pas s'initier au plaisir prostatique. Mais les pratiques sexuelles ne déterminent pas l'orientation sexuelle, et quand bien même vous seriez homosexuel, ce ne serait pas une honte...
Beaucoup assimilent la pénétration à une forme de soumission. La pénétration peut être un jeu consenti de soumission, mais elle ne l'est pas par défaut. Comme il s'agit d'une pratique très taboue, la déconstruction peut prendre du temps. Et même une fois que l'on a déconstruit ces discours limitants, on peut ne pas avoir envie de passer à la pratique. C'est tout à fait OK !

SEXPLORATION SENSUELLE

Pour cette exploration sensuelle, je vous invite à fermer les yeux et à vous asseoir ou à vous allonger.

1

Choisissez une position dans laquelle vous vous sentez à l'aise. Prenez une inspiration par le nez et expirez par la bouche. Continuez à respirer ainsi et touchez vos cuisses. Ressentez le contact de la pulpe de vos doigts sur vos jambes. Le contact avec vos poils ou avec votre peau. Reconnectez-vous aux sensations qui traversent votre corps. Il y a peut-être des tensions. Ce n'est pas grave. Soyez à l'écoute. Observez-les.

2

Pour la suite de l'exercice, vous pouvez utiliser une huile de massage. Prenez un instant pour remonter lentement votre main sur votre verge. Passez un doigt sur toute la longueur. Ressentez la texture du frein, la sensibilité du gland, l'élasticité du prépuce si vous en avez un, le relief des veines... Revenez à la base de la verge et prenez vos testicules dans le creux de vos mains. En exerçant une petite pression, commencez à les masser. Sentez comme ils glissent, comme leur texture varie d'un moment à l'autre, et continuez à respirer. Sont-ils parfaitement symétriques ? Votre scrotum est-il poilu ? Est-il marqué par des boutons ou un grain de peau particulier ? Quelle que soit la réponse, votre scrotum est parfait comme il est !

3

Commencez à descendre en dessous du scrotum. Vous allez sentir une zone un peu plus dure. Une partie du périnée passe juste à cet endroit. Avec le pouce enduit d'huile, de préférence, commencez à faire de petits cercles en appuyant. Votre corps se détend-il ? Vous sentez-vous à l'aise ? Vous pouvez continuer à descendre en massant l'anus. C'est une zone très innervée. Essayez de la toucher avec amour, comme vous toucheriez n'importe quelle autre zone de votre corps, sans intention sexuelle.

4

Si vous en avez envie, vous pouvez introduire légèrement votre doigt à la recherche de votre prostate. Elle est située du côté de la vessie et du pénis, à deux phalanges de profondeur environ. Que ressentez-vous ? Il est tout à fait normal de ne pas trouver sa prostate tout de suite, de ne rien ressentir de particulier, ou au contraire d'éprouver de la honte. C'est encore très tabou. Félicitez-vous pour ce chemin parcouru : votre corps mérite de l'amour et de l'attention. Aucune partie de votre corps ni rien de ce que vous avez fait n'est honteux. Bravo à vous d'avoir pris ce moment de reconnexion à vous-même.

LES TRAVAUX PRATIQUES

Pour clore ce chapitre, je vous propose de vous rendre page 71 pour dessiner l'image que vous avez actuellement de votre pénis. Essayez de réaliser le dessin le plus précis possible en tenant compte de vos observations et de votre ressenti. Vous pouvez également dessiner votre prostate, selon ce que vous avez éprouvé lors de votre sexploration.

9

Créer de L'EXCITATION

C'est l'un des facteurs les plus négligés. Pourtant, l'excitation est au centre de tout : c'est le nerf de la guerre… ou plutôt de la sexualité ! On dit que le désir prend forme dans le mental et que l'excitation en est la manifestation physique. Sans excitation, il n'y a pas l'afflux sanguin nécessaire dans les organes génitaux et les zones érogènes pour que celles-ci soient réceptives. Se toucher sans excitation, c'est comme manger sans envie. Ça ne procure aucun plaisir : le corps ne réagit pas, on peut ressentir des chatouilles, voire des irritations. Bref, on sent bien que pour s'amuser, il manque un ingrédient.

FONCTIONNEMENT DE L'EXCITATION

Parfois, l'excitation arrive spontanément. Le corps et le mental sont disponibles. Quand on a de l'espace en soi, on peut accueillir l'autre et laisser s'exprimer sa libido. La simple vue de la personne que l'on désire ou une pensée érotique suffit à nous mettre en appétit. Avec la fatigue et le stress, il est toutefois peu probable que l'on ait encore de l'espace et de l'énergie pour s'investir dans sa vie intime.
Une fois que l'on prend conscience que notre environnement ne nous permet plus d'avoir cet espace propice aux relations sexuelles, on peut agir. Je dis souvent que l'on est responsable, mais jamais coupable. Responsable, dans la mesure où l'on peut encore agir et trouver l'oxygène qui nous manque. Mais jamais coupable, car nous nous trouvons à l'intersection de problématiques qui ne dépendent pas que de nous. Recréer un espace intime implique d'aménager sa vie en conséquence.

LE CONSENTEMENT, C'EST AUSSI ENVERS SOI-MÊME !

Il faut déjà en avoir envie. En avoir envie pour soi et pour son propre cheminement. S'investir dans son travail ou dans une activité extérieure plutôt que dans sa vie intime n'est pas une mauvaise chose. Cela devient même une chose bonne pour nous lorsqu'on le fait en toute

conscience. Épouser ses valeurs et ses envies profondes dépasse le champ purement sexuel. Peut-être avez-vous mille choses plus épanouissantes à faire que d'entretenir votre sexualité, et il n'y a absolument aucun mal à cela.
Mais en lisant ces lignes, vous prenez peut-être conscience que vous ne consacrez pas suffisamment de temps à votre vie sexuelle, non par manque d'envie, mais par défaut, comme si vous n'aviez pas vu le texte écrit en petits caractères en bas du formulaire… Ce contrat tacite, il est possible de le rompre, peu importe votre âge ou votre parcours. Votre vie vous appartient.

1

Le premier espace à investir, c'est votre quotidien. Dans les chapitres sur le *self care* et le lâcher-prise, vous avez déjà appris à faire du tri. Essayez de vous accorder du temps avec vous-même ou avec votre partenaire. J'ai été jeune maman et je sais à quel point on peut cruellement manquer de temps dans son quotidien et à quel point l'injonction à « prendre du temps pour soi » peut peser lourd. *Chill*! Prenez du temps, si vous le pouvez, et si ce n'est pas possible, vous verrez plus tard !

2

Le deuxième espace à investir, lorsque l'on ne sait pas par où commencer, c'est celui de l'imaginaire. Il a le pouvoir de façonner notre sexualité, de l'influencer, voire de la faire grandir. Cultiver son imaginaire érotique, c'est aller à la rencontre de ses fantasmes, de ses désirs et de ses limites. C'est parfait pour apprendre à se connaître !

On peut ressentir du dégoût ou de l'appréhension, notamment parce que l'on a appris que c'était sale ou mauvais. La sexualité est encore tellement taboue que l'on peut rapidement prendre peur ou se poser mille questions. Lorsque l'on explore, parfois, on s'ennuie, on s'émerveille, on prend peur, et tout cela fait partie du processus. Ce serait mentir de dire que c'est toujours génial. Les exercices et les fiches pratiques de cet ouvrage sont là pour que vous puissiez extérioriser ces sentiments et constater le chemin parcouru.

CHERCHER DES INDICES ÉROTIQUES

J'appelle « indices érotiques » tout ce qui est susceptible de vous plaire ou de vous exciter. Le but est d'en collecter assez pour construire un *vision board* qui vous plaise. À l'ère du numérique, il existe pléthore de supports pour s'inspirer !

Regarder un film pornographique

L'univers des films pornographiques est maintenant accessible à quiconque dispose d'une connexion Internet. On y trouve du gratuit, du payant, de l'amateur ou du professionnel. Il est légitime de se poser des questions sur l'éthique des productions et sur le consentement des personnes qui travaillent dans ce milieu. Pour une sexploration éthique, mieux vaut se tourner vers de la pornographie payante, tournée dans des conditions de travail respectueuses et qui offre une réelle diversité de pratiques.

De nombreuses pornographes féministes proposent des films de toute beauté, comme Olympe de G. ou Carmina. J'ai été très touchée par le film *Détartrage* de cette dernière réalisatrice et productrice. Pouvoir s'identifier à des femmes qui osent prendre du plaisir, dire « non » et imposer leur rythme, je trouve ça beau et fort. Ces femmes me donnent de la force. Cultiver un imaginaire érotique sain, c'est cultiver un espace dans lequel on se ressource et on prend confiance en soi.

3 PORNOGRAPHES féministes à suivre

Erika Lust | Olympe de G. | Carmina

2 sites pour trouver du PORNO ÉTHIQUE

OnlyFans
Sur Twitter, en tapant ce mot-clef, vous trouverez des profils de personnes présentes sur la plateforme. Attention, toutes ne font pas du porno. Si un profil vous attire, vous pourrez ensuite vous abonner à son compte OnlyFans.

anoushkamovies.com
Il s'agit d'une plateforme de films pornos féministes, funs et originaux. On y trouve surtout des films esthétiques et sensuels. Et il y en a pour tous les goûts !

Lire de la littérature porno

Pour les adeptes de lecture, on trouve bien sûr de la littérature pornographique, désormais accessible au plus grand nombre grâce à Internet. Les comptes @aneqdotes ou @_laprediction sont des références sur Instagram ! Et en tapant le mot-clef « porno » sur Wattpad, vous trouverez aussi toute une série de textes écrits par des internautes.

Mais le livre papier n'est pas en reste : la maison d'édition La Musardine s'est spécialisée dans la publication de littérature érotique. Quant aux éditions Hugo & Cie, elles proposent de la *new romance* avec des intrigues teintées de pornographie, comme dans *Nos âmes tourmentées* de Morgane Moncomble ou *Wish* d'Audrey Carlan.

Les gifs

Les gifs animés sont aussi une façon de faire un tour d'horizon. En regardant les sélections du site *Le Tag parfait* (www.letagparfait.com) intitulées « Les gifs de la semaine », on peut rapidement découvrir de nouvelles pratiques ou des mises en scène inspirantes. Dans le même genre, le site *Le Bon Fap* (www.lebonfap.com) propose une recherche par mot-clef sur la droite pour découvrir des extraits ou des scènes porno gratuites.

Le porno audio

Très en vogue, le porno audio se passe de l'image, qui a pour défaut de plaquer une idée de la réalité dans la tête des personnes qui regardent. Pour laisser libre cours à votre imagination, optez pour le podcast *Voxxx* (disponible sur www.voxxx.org), qui propose du porno audio gratuit et féministe. Pour un voyage direct sur la Lune, je ne peux que vous recommander les épisodes avec Arsène Laclos. Et pour des contenus audio amateurs, regardez du côté du site participatif *Boxxx* (boxxx.org).

Le dessin libre

Le dessin libre, inspiré de l'écriture libre, est une activité que je pratique de temps à autre. Pas besoin d'avoir un bac +50 en dessin ; l'important, c'est l'intention et les idées qui ressortent de ce que vous allez poser sur le papier. Pour faire vos premiers pas dans cette pratique, rendez-vous page 73 avec un stylo. Le but : faire émerger spontanément ce qui vous excite profondément. Libérez vos fantasmes sur le papier !

CULTIVER SA JOUISSANCE

Je vous ai donné un grand nombre de supports sur lesquels vous appuyer, mais tout ne dépend pas que d'outils externes. Il vous appartient de créer un imaginaire sur mesure, parfaitement conçu selon vos désirs.

Ancrez votre présence. Prêtez attention aux sourires de votre partenaire, à sa façon de prendre soin de son environnement ou à son regard quand vous êtes ensemble. Essayez de repérer des détails susceptibles de vous plaire : c'est dans les détails que l'on redécouvre l'autre. En gardant une vision superficielle ou une vision d'ensemble, avec le temps et les années, il sera de plus en plus complexe de vous connecter à l'autre.

Votre sensualité se cultive aussi dans la solitude. Quand on a l'habitude se représenter mentalement son corps et non de le voir tel qu'il est, on en a une image complètement biaisée. Quand on ne prend plus le temps de se sentir habiter son corps, on vit à côté. On se laisse tourmenter par le bruit quotidien.

Cultiver sa jouissance, c'est cultiver sa présence au monde. C'est la première étape pour faire des choix éclairés. Comment savoir ce dont vous avez envie si le tumulte du monde vous bouscule ? Je vous propose de dire tout de suite, à haute voix, à votre partenaire ou à vous-même, quel était le moment que vous avez préféré parmi tous ceux passés ensemble.

À partir de là, vous ressentirez la jouissance, sentiment qui dépasse largement le domaine sexuel. C'est l'énergie que l'on retrouve lorsque l'on se sent en accord avec ses valeurs et ses désirs profonds. Votre créativité explosera.
Les supports, c'est chouette, mais vous aurez peut-être envie d'écrire vous-même des textes érotiques à votre partenaire. Vous pouvez les noter dans un carnet ou ouvrir un compte Instagram pour les partager ! Peut-être avez-vous envie d'explorer les possibilités de la photographie en vous mettant en scène ? Munissez-vous de guirlandes, prenez des pochettes plastiques colorées que vous placerez devant l'objectif pour créer des effets de lumière et installez-vous devant un miroir. Sur Pinterest, en tapant les mots « aesthetic body pics » vous trouverez des idées !

Enfin, peut-être avez-vous envie de vous masturber au téléphone ? D'ailleurs, vous pouvez tout à fait investir dans un téléphone rose qui ne vous servira qu'à cela. Vous pouvez même réaliser des tutos de vos meilleures techniques de masturbation, à partager avec votre partenaire… ou pas !

LES TRAVAUX PRATIQUES

Pour finir ce chapitre en beauté, je vous propose de créer la carte de vos zones érogènes. À la fin du cahier, page 75, vous trouverez une silhouette de face et une de dos sur lesquelles vous pourrez colorier avec les couleurs de votre choix les zones érogènes que vous connaissez déjà et celles que vous avez envie d'explorer !

10 À la découverte de son PLAISIR

Une fois que les connaissances anatomiques sont bien maîtrisées et que l'on a compris le rôle de l'excitation dans le plaisir, il faut savoir comment se faire du bien ! Certaines personnes vont trouver les voies de leur plaisir très facilement, tandis que d'autres auront besoin d'être un peu guidées : c'est tout à fait normal.

TROUVER LES BONNES STIMULATIONS

Lorsque les organes génitaux sont gorgés de sang et que l'on est dans le *mood* de l'excitation, il s'agit de trouver les stimulations qui nous font du bien. Pour cela, mieux vaut savoir comment son corps fonctionne. Toutes les indications que je vais donner relèvent de fonctionnements généraux. Il est possible que ce ne soit pas pareil pour vous : c'est tout à fait normal. Ces explications sont là pour vous donner un ordre d'idées ; n'hésitez pas à les adapter à vos préférences.

Le plaisir s'apprend. C'est en pratiquant et en restant à l'écoute de soi que l'on trouve petit à petit les chemins qui mènent à lui. Ils ne sont pas les mêmes pour tout le monde. Il est aussi probable que vous aimiez aujourd'hui des choses que vous n'aimerez plus dans cinq ans. Notre vie ressemble rarement à un parcours continu et uniforme : se poser des questions, changer ses pratiques ou diversifier ses goûts et ses sources de plaisir est tout à fait normal.

Le vagin : cet organe aux recoins méconnus

Le vagin est plus sensible aux pressions qu'aux va-et-vient. Comme nous l'avons vu dans un chapitre précédent, l'idéal est d'être dans de bonnes dispositions avant de commencer à le stimuler : ainsi, le sang a déjà eu le temps d'affluer dans le vagin et le clitoris. Les bulbes du clitoris vont pouvoir se gorger de sang et devenir plus réceptifs. L'entrée du vagin est particulièrement innervée : n'hésitez pas à l'explorer !

La zone G se situe à deux phalanges de profondeur vers le haut, côté ventre. C'est une zone un peu rugueuse qui peut donner envie d'uriner quand on la stimule… Eh oui, la vessie n'est pas très loin ! En stimulant la zone G, on stimule aussi le clitoris, qui se situe juste au-dessus, et les glandes para-urétrales (très sensibles), qui peuvent déclencher un *squirt*.

Plus loin, après la zone G, se trouve le *deep spot*. Situé au fond du vagin, près du col de l'utérus, il est plus compliqué à atteindre avec les doigts. Vous pouvez essayer de le stimuler vers le haut (le ventre) ou vers le bas (les fesses). C'est une zone sensible, alors prudence : si certaines personnes éprouvent beaucoup de plaisir à la stimuler, d'autres auront mal très rapidement.

LE *SQUIRT*, C'EST QUOI ?

Le *squirt*, aussi appelé « émission fontaine », est une libération d'un liquide en grande quantité en provenance de la vessie par l'urètre. Il ne doit pas être confondu avec l'éjaculation qui est produite en très petite quantité sous forme de liquide blanc visqueux par les glandes para-urétrales, ou glandes de Skene. Vous pouvez *squirter* sans vous en rendre compte sur l'instant et le réaliser après, en constatant l'état de vos draps, complètement mouillés. Si vous ressentez comme une envie d'uriner, il y a de grandes chances pour que ce soit un *squirt* qui arrive. Il survient lorsque l'on parvient à lâcher prise totalement. C'est un phénomène qui excite de nombreuses personnes, mais qui ne procure pas forcément de plaisir en soi et qui n'est pas systématiquement accompagné d'un orgasme. Parfois, le liquide a une légère odeur d'urine. Pas de panique : il provient de la vessie, donc c'est tout à fait normal. Mon conseil, si vous voulez atténuer les odeurs, c'est de bien boire avant. Vous pouvez même tester le *squirt* dans votre baignoire pour vous libérer de la crainte de mouiller les draps !

Source : Samuel Salama et al., « *Nature and Origin of "Squirting" in Female Sexuality* », *The Journal of Sexual Medicine*, vol. 12, n° 3, mars 2015, en ligne : pubmed.ncbi.nlm.nih.gov

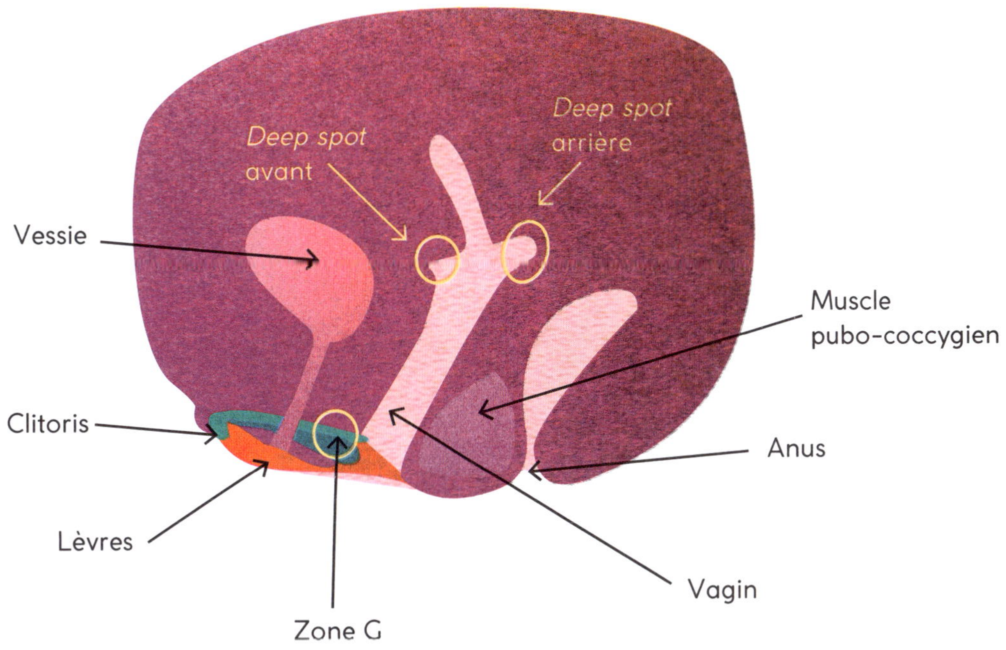

Bien sûr, toutes ces zones sont sensibles à différents niveaux chez les individus. Chaque personne a ses préférences. Il ne s'agit pas de boutons magiques sur lesquels on peut appuyer pour faire surgir du plaisir instantanément : n'oubliez pas les chapitres précédents ! Par ailleurs, le vagin est bien entendu érotisable et on peut en retirer du plaisir, mais n'oublions pas qu'il est tout à fait normal de ne pas jouir pendant la pénétration.

LA PÉNÉTRATION, ce n'est pas le GRAAL !

Plusieurs études montrent que l'orgasme par la seule pénétration vaginale ne concerne qu'une minorité de femmes : dans le rapport de Shere Hite, 30 % des personnes disposant d'un vagin relatent avoir déjà joui avec une pénétration sans stimulation directe du clitoris (source : *Shere Hite, The Hite Report. A Nationwide Study on Female Sexuality*, Macmillan, 1976). Et dans l'étude du Dr Kontula, c'est seulement 6 % des personnes interrogées qui disent habituellement atteindre l'orgasme grâce à une stimulation interne.

Source : Osmo Kontula, « *Determinants of Female Sexual Orgams* », *Socioaffective Neuroscience & Psychology*, vol. 6, 2016, en ligne : www.ncbi.nlm.nih.gov/pmc/articles/PMC5087699

Jouir en anal, ce n'est pas la honte !

Certaines personnes m'ont confié qu'elles ressentaient une grande honte lorsqu'elles atteignaient l'orgasme après une stimulation anale. La zone de l'anus est en effet particulièrement innervée et le nerf pudendal qui se prolonge dans le périnée joue un grand rôle dans le plaisir sexuel. Mais le rectum est encore accablé par les tabous et la honte. N'oublions pas que ce qui compte, c'est le plaisir et le consentement : si c'est votre manière d'atteindre l'orgasme, alors profitez-en !

Pour stimuler l'anus et le début du rectum, on y va en douceur ! Le périnée est beaucoup plus réactif. Le rectum ne produit pas une lubrification similaire à celle du vagin, il est donc important d'utiliser un lubrifiant pour accompagner votre masturbation. Commencez par un doigt. Vous pouvez pousser sur votre périnée pour « ouvrir » la zone. Pensez à procéder par étapes : ne passez pas d'un doigt à un énorme *dildo* ! Vous aurez besoin de patience et de lubrifiant à volonté. Chez certaines personnes, avoir un orgasme avant aide aussi à détendre la zone. Et surtout, n'oubliez jamais que vos jouets sont susceptibles de rester bloqués dans le rectum. Si vous insérez un objet qui n'a pas de base évasée, celui-ci peut être aspiré et remonter très loin dans votre rectum… Si cela vous arrive et que le jouet ne ressort pas en vous détendant, il faudra aller aux urgences sans tarder.

Si vous avez une prostate, l'anus sera également très sensible, mais n'hésitez pas à pousser l'exploration deux

phalanges plus loin côté ventre. Coupez vos ongles et lavez bien vos mains avec un savon doux. Massez tranquillement la zone, qui devrait s'éveiller petit à petit. Au début, ne touchez pas à votre pénis pour éviter la surcharge d'informations. Se connecter à sa prostate demande une pleine présence. La prostate, aussi appelée « point P », peut donner des orgasmes multiples bien plus satisfaisants que ceux que l'on obtient par stimulation du pénis. De nombreuses personnes pratiquant la stimulation du point P relatent des multi-orgasmes sans période réfractaire ou moment de fatigue.

DÉFINITION

La période réfractaire correspond au moment où un pénis ou un clitoris ne peut plus jouir ou être stimulé. On peut observer une hypersensibilité à la suite de l'orgasme, par exemple. C'est absolument normal d'expérimenter cela ! Le corps a besoin de se reposer !

Stimuler le gland

Chaque gland de pénis ou de clitoris a sa propre sensibilité. Souvent, les clitoris très sensibles préféreront être stimulés en interne ; ainsi, la stimulation n'est pas directe. Certains glands aimeront le contact rassurant du prépuce, tandis que d'autres auront besoin d'en sortir totalement pour ressentir du plaisir. N'hésitez pas à tester différentes configurations pour déterminer laquelle est la plus agréable pour vous.
Vous pouvez appliquer une pression, faire des cercles, utiliser un ou deux doigts, voire la main entière... Si vous avez un pénis, le frein est souvent encore plus sensible que le gland.

AVOIR UN ORGASME... OU PAS ?

L'orgasme suscite encore beaucoup d'interrogations. Peut-être vous demandez-vous si vous avez déjà eu un orgasme ? Certaines personnes n'en ont jamais ; on parle alors d'anorgasmie. Dans certains cas, l'origine est physique; dans d'autres cas, psychologique. L'anorgasmie peut résulter d'un manque d'expérience également. Elle devient problématique à partir du moment où c'est une souffrance pour vous. N'hésitez pas à consulter dans ce cas.

On définit souvent l'orgasme par un pic de plaisir, des contractions réflexes du périnée et une augmentation du rythme cardiaque. Mais chaque personne le vit différemment. Il existe des orgasmes de toutes les intensités. Ils ne sont pas tous renversants, on ne crie pas forcément, et ce n'est pas parce que l'on éjacule que l'on a un orgasme.
En appliquant les petits conseils de ce cahier pour vous reconnecter à vous-même, en travaillant votre excitation et en vous stimulant de façon à ressentir un plaisir toujours plus intense, l'orgasme ne sera plus très loin !

Selon moi, les étapes pour atteindre l'orgasme sont les suivantes : s'installer dans un lieu qui permette de se sentir en sécurité + cultiver son imaginaire érotique pour parvenir à un état d'excitation + lâcher prise + appliquer une stimulation adaptée. C'est mon équation magique, celle qui maximise les chances de connaître ce plaisir. Pour vous aider, tous ces points sont développés dans le cahier. Il se peut toutefois que vous n'atteigniez pas l'orgasme, même en suivant la recette à la lettre. Pas de panique!

L'orgasme n'est pas une étape obligatoire. Il faut sortir de cette quête de jouissance absolue pour apprendre à se connecter aux autres. À partager. À communiquer. Mais cela ne doit pas pour autant occulter le problème inverse : beaucoup de personnes s'endorment au côté de leur partenaire sans prendre en considération son plaisir. Quand on dit qu'il faut sortir de la course à la performance sexuelle, il ne s'agit pas de déconsidérer le plaisir de l'autre. Vous avez d'ailleurs tout à fait le droit de vouloir absolument expérimenter le plaisir d'un orgasme lors de vos rapports… et même à chaque rapport, si vous en avez envie! L'idée, c'est simplement de vous laisser le choix.

LE RÔLE DES *SEXTOYS*

À ce jour, aucune étude n'a prouvé que les *sextoys* pouvaient désensibiliser les zones stimulées. Ce que l'on peut affirmer, c'est que certaines personnes ont cette sensation. L'avantage des *sextoys*, c'est qu'ils procurent une stimulation très efficace et très adaptée. Ils donnent des orgasmes renversants en un temps record. Je suis, personnellement, une grande adepte de ces petits bijoux. Mais vous n'aurez peut-être plus vraiment envie après cela de vous masturber sans jouet, tant le plaisir ressenti avec aura été renversant. Si vous souhaitez conserver une masturbation manuelle, voici mes *tips* pour que tout se passe au mieux.

1

Variez vos routines. Alternez les stimulations manuelles et l'usage de jouets.

2

Pratiquez la pleine conscience et connectez-vous à vos sensations quand vous utilisez vos jouets.

3

Pour reprendre une stimulation manuelle après une longue période d'utilisation de jouets, faites une pause. Faites monter l'excitation et touchez-vous. Vous reprendrez vos marques plus rapidement.

Par ailleurs, ces conseils s'appliquent aussi si vous vous masturbez systématiquement d'une certaine manière et que vous souhaitez en changer.

Pour choisir un jouet adapté, prenez déjà un objet de bonne qualité : un jouet rechargeable, en silicone et étanche. Ensuite, tenez compte de la zone que vous préférez stimuler ou de celle que vous souhaitez explorer. Pour le clitoris, l'incontournable référence est la stimulation sans contact, qui n'irrite pas et peut donner plusieurs orgasmes à la suite. Plusieurs marques se sont imposées comme des références : Womanizer et Satisfyer pour les clitoris sensibles et Lelo pour les clitoris costauds.

Pour le vagin, choisissez un petit *dildo* vibrant qui peut également bouger! Le format *rabbit* stimulera à la fois votre vagin et votre gland de clitoris. Choisissez un format souple de préférence, et un petit calibre pour débuter. Mais si vous voulez une stimulation plus ferme, prenez un jouet avec un revêtement en silicone rigide.

Pour la prostate, le marché développe de plus en plus de petits stimulateurs pour

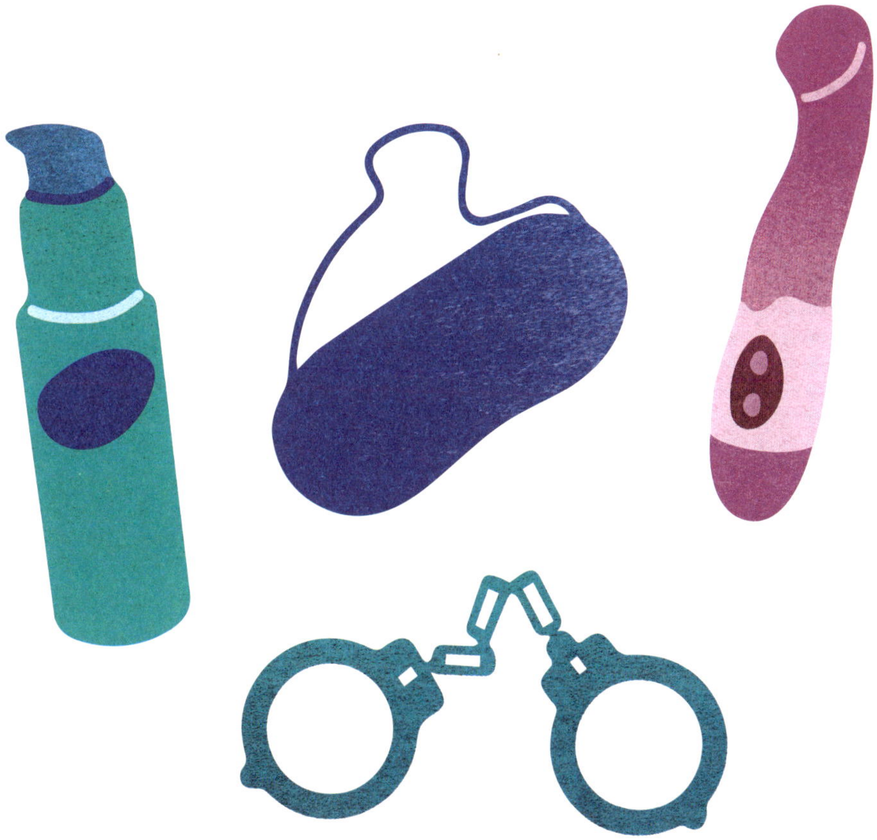

débuter. La marque Alive et son stimulateur Nero ou la marque de référence Aneros vous raviront. Les *plugs* en silicone ou en métal avec une base bien large seront vos alliés pour une stimulation anale en douceur.

Les boules de geisha ont un faible intérêt pour le plaisir sexuel. On peut les utiliser pendant une pénétration anale pour les sentir rouler dans le vagin, ou bien lors d'une masturbation externe. Elles peuvent vous aider à mieux sentir votre périnée, mais elles ne remplacent pas une vraie rééducation du périnée.

Les pénis ont à leur disposition toute une gamme de jouets pour stimuler la verge ou le frein, comme les petites gaines souples en silicone vibrantes (Man Wand) ou le format *bullet* pour une utilisation précise (fonctionne aussi pour les clitoris !).

Le marché regorge de propositions. L'important est de choisir un jouet de bonne qualité en silicone, rechargeable, étanche et, si possible, avec des vibrations basse fréquence (elles sont plus intéressantes pour stimuler une zone en profondeur !).

LES TRAVAUX PRATIQUES

Je vous propose de détacher le jeu de cartes proposé pages 77 et 79. Les douze cartes présentent chacune une stimulation différente à tester lors de vos pratiques masturbatoires : piochez une ou plusieurs cartes au hasard pour ajouter un peu de surprise dans vos moments de plaisir !

C'est FINI… ou ça ne fait que commencer ?

Notre aventure ensemble s'arrête ici, mais votre sexploration ne fait que commencer.

Essayez de garder en tête ce qui a été le plus marquant pour vous dans cet ouvrage afin de le transposer dans votre vie de tous les jours. La normalité, c'est surfait : pensez que seul votre bien-être doit vous guider dans vos pratiques. Prenez conscience des injonctions qui pèsent sur vous pour vous en libérer et faire vos propres choix. Et si vous pensez que ce n'est pas encore le moment de passer à la pratique, ne culpabilisez pas : laissez-vous le temps.

J'espère que ce cahier sera pour vous un tremplin vers un état de mieux-être, que vous ayez appris des choses ou non, que vous ayez désormais envie de tout explorer ou que vous ayez compris que cela ne vous intéresse pas. Partagez vos réflexions et vos savoirs avec votre entourage dès que vous pensez que c'est approprié. Les sexualités et les sujets liés sont tellement tabous que de nombreuses personnes souffrent en silence en se croyant seules et incomprises. Si mes mots ont allumé quelque chose en vous, vous avez le pouvoir d'allumer des lumières dans la vie des gens que vous aimez.

LES LIVRES
POUR ALLER PLUS LOIN

- Berlingo Laura, *Une sexualité à soi. Libérée des normes*, Paris, Les Arènes, 2021.
- Easton Dossie et Hardy Janet W., *La salope éthique. Guide pratique pour des relations libres sereines*, Milly-la-Forêt, Tabou, 2013.
- Hite Shere, *Le Nouveau Rapport Hite. L'enquête la plus révolutionnaire jamais menée sur la sexualité féminine*, Paris, Robert Laffont, 2002.
- Lexie, *Une histoire de genres. Guide pour comprendre et défendre les transidentités*, Vanves, Marabout, 2021.
- Page Martin, *Au-delà de la pénétration*, Paris, Le Nouvel Attila, 2019.
- Pla Jüne, *Jouissance Club. Une cartographie du plaisir*, Vanves, Marabout, 2020.
- Tahir Amal, *Bien dans ma tête, bien dans ma culotte*, Paris, Kiwi, 2020.

LES COMPTES INSTAGRAM

POUR ALLER ENCORE PLUS LOIN

@aggressively_trans

Le compte de Lexie parle des transidentités avec beaucoup de pédagogie! Que vous soyez une personne concernée ou quelqu'un qui cherche juste à se renseigner, son compte est fait pour vous.

@aventures_en_orgasmie

Agathe parle de massage tantrique et de sexualités, toujours avec bienveillance et sans chichis. J'adore son authenticité!

@camilleparlesexe

Camille sait de quoi elle parle! Sexologue clinicienne, elle partage son savoir sur son compte Instagram. C'est un concentré de bienveillance et de pédagogie.

@clemityjane

On ne peut pas passer à côté de ses comptes sur les réseaux sociaux (en particulier sa chaîne Youtube). Elle est la première youtubeuse francophone à avoir parlé de *sextoys* sur Internet. Vous pouvez lui faire confiance les yeux fermés!

@inside.women

Un compte éducatif tenu par Amal Tahir qui parle de *self love*, de loi de l'attraction, et qui vulgarise plein de contenus sur le sexe et les sexualités.

@_laprediction

Une plume aiguisée et des photos poétiques : allez suivre ce compte si vous voulez ravir vos mirettes et faire le plein de *female gaze*.

@mercibeaucul_

De la bienveillance et une esthétique à couper le souffle. Léa travaille avec acharnement sur ce compte pour proposer des infos intéressantes tout en restant bienveillante!

@orgasme_et_moi

Des sources, de la rigueur et beaucoup d'empathie : c'est ce qu'on aime chez Charline, qui tient ce compte Instagram. Avec sa communauté de «MMM», elle porte la voix de toutes les sexualités.

@sexopsycho

Pierre est psychologue clinicien spécialisé en sexologie et vulgarise la psychologie sur son compte Instagram en abordant de nombreuses questions liées aux sexualités, toujours avec finesse!

@wi_cul_pedia

Sur son compte, Edwige documente les sexualités à la manière d'une encyclopédie. Un joli *feed*, des infos pratiques et des témoignages : j'adore!

@clitrevolution

Elvire parle de sexualité avec féminisme et bienveillance. Elle anime régulièrement des *lives* passionnants sur la maternité, la sexualité et le féminisme.

L'AUTRICE

Masha Sexplique, blogueuse et créatrice de contenus sexo depuis 2018, ouvre les débats sur les sexualités. Sur son compte Instagram @mashasexplique, on déconstruit les tabous, on s'informe et surtout, on décomplexe !

L'ILLUSTRATRICE

Graphiste dans l'édition depuis 2012, **Mélie Giusiano** a débuté aux éditions Autrement et travaille depuis à son compte pour la presse, l'édition, l'édition jeunesse et les musées. Parallèlement au graphisme, elle développe aujourd'hui une activité d'illustratrice. Ses dessins mêlent formes vectorielles et textures imprimées en risographie.

DANS LA MÊME COLLECTION

SÉDUIRE SANS SOÛLER

60 pages de conseils pratiques pour séduire dans le consentement et l'enthousiasme

Fanny Vedreine @lestring_zine

illustrations : **Mélie Giusiano**

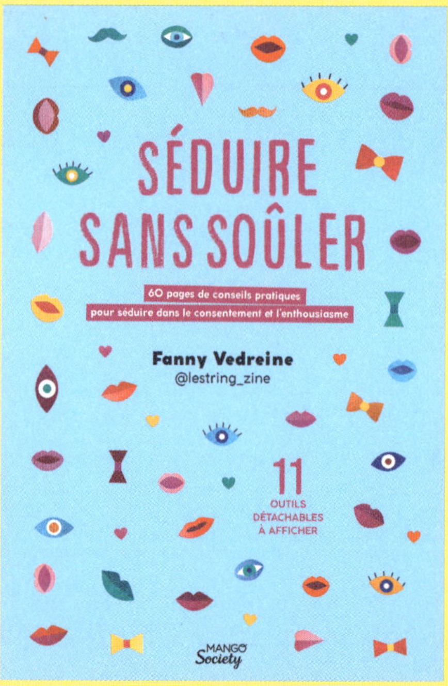

Les pages suivantes sont prédécoupées à 1 cm de la reliure et peuvent ainsi être détachées pour faciliter le découpage de chaque outil.

Illustrations : Mélie Giusiano

Direction : Guillaume Pô
Direction éditoriale : Tatiana Delesalle
Édition : Juliette Magro
Préparation de copie et relecture : Laure Bourgeaux
Direction artistique : Chloé Eve
Création graphique et mise en pages : Mélie Giusiano
Direction de fabrication : Thierry Dubus
Fabrication : Marie Dubourg

www.mangoeditions.com
Dépôt légal : août 2021

1re édition
N° d'édition : M21147
ISBN : 978-2-3170-3371-1
Code MDS : MN33711

Achevé d'imprimer en juillet 2021 par Edelvives en Espagne

Certifié PEFC
Ce produit est issu de forêts gérées durablement et de sources contrôlées
PEFC
PEFC/14-38-00260
www.pefc-france.org

Ce livre s'inscrit dans une démarche écoresponsable.
Il est composé de matériaux issus de forêts bien gérées, certifiées PEFC™ et d'autres sources contrôlées.
Cette certification garantit une empreinte carbone réduite et une gestion raisonnée de la forêt, qui maintient la biodiversité et protège les écosystèmes. Il est imprimé avec des encres à base d'huile végétale. Il a été imaginé et conçu en France et imprimé en Europe.

1 TRAVAILLER SON LÂCHER-PRISE

La *to do list* qui libère

- [ ]
- [ ]
- [ ]
- [ ]
- [ ]
- [ ]
- [ ]
- [ ]
- [ ]
- [ ]
- [ ]
- [ ]
- [ ]

1

LA *TO DO LIST* QUI LIBÈRE

LE SAVOIR,
c'est
le pouvoir.
LE POUVOIR
de
LÂCHER-PRISE
en pleine
CONFIANCE.

1

LA CITATION POUR LÂCHER PRISE

La matrice relationnelle

QUALITÉS NÉCESSAIRES

DÉFAUTS ACCEPTABLES

RAISONS DE RUPTURE

QUALITÉS BONUS

2

LA MATRICE RELATIONNELLE

La routine du soir

tâche ou activité à effectuer	début	durée	fin

2

LA ROUTINE DU SOIR

3 SE PROTÉGER DES PERONNES TOXIQUES

Le bingo de la toxicité

Cette personne me dévalorise régulièrement.	Quand je suis avec cette personne, je ressens du malaise. Lorsque je reçois un message de sa part, cela m'angoisse.	J'ai l'impression d'être plus isolé·e depuis que je fréquente cette personne.
Cette personne se plaint en permanence.	Cette personne ne tient pas parole ou tient rarement parole.	Cette personne parle essentiellement d'elle-même.
Cette personne passe beaucoup de temps à parler des autres et à les critiquer.	Cette personne fait du chantage ou fait pression pour obtenir quelque chose (du sexe, de l'argent, de l'attention...).	Je me sens vidé·e quand je suis avec cette personne.

3

LE BINGO DE LA TOXICITÉ

3 SE PROTÉGER DES PERONNES TOXIQUES

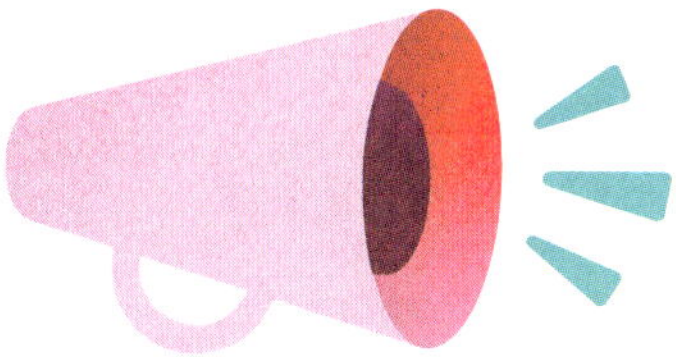

Qui consulter ?

MÉDECIN GÉNÉRALISTE : si vous avez trouvé un ou une médecin avec laquelle vous êtes à l'aise et qui fait des suivis gynécologiques, vous pouvez faire vos examens de routine avec elle et lui poser vos questions.

GYNÉCOLOGUE : un ou une gynécologue est une médecin spécialisée dans l'organe reproducteur dit « féminin » mais ici on parlera d'utérus, de vulve, de vagin... Il est tout à fait possible de faire votre suivi classique auprès d'une gynécologue. Vous pourrez également obtenir un diagnostic pour des maladies des parties génitales ou assimilées, comme l'endométriose par exemple. N'hésitez pas à consulter un ou une gynécologue spécialisée en endométriose pour faciliter le diagnostic !

SAGE-FEMME : un ou une sage-femme assure les suivis de grossesse, les accouchements et pratique également des suivis gynécologiques ! Vous pouvez consulter pour vos examens de routine et même pour une pose de DIU (dispositif intra-utérin, aussi appelé « stérilet »).

ANDROLOGUE : une ou un andrologue est un médecin spécialisé dans l'appareil reproducteur dit « masculin », mais ici on parlera de pénis, de testicules... Vous pouvez consulter un andrologue dès que vous rencontrez des difficultés liées à votre pénis (troubles érectiles, troubles de l'éjaculation...).

UROLOGUE : l'urologue est spécialisé·e dans le traitement des troubles liés à l'appareil urinaire. Il peut être intéressant de consulter ce spécialiste lors d'infections urinaires chroniques, de cancer du rein, de la vessie, de la prostate ou encore en cas d'inflammation de la prostate.

PLANNING FAMILIAL : ouvert même aux personnes mineures, il s'agit de lieux dans lesquels on peut s'informer sur la sexualité, la contraception, demander un accompagnement pour un avortement et effectuer des dépistages.

KINÉSITHÉRAPEUTE SPÉCIALISÉ·E EN RÉÉDUCATION PÉRINÉALE : il ou elle est souvent consultée après avoir accouché, mais la rééducation périnéale peut concerner tout le monde. Dans le cas de fuite de gaz, d'urine ou de selle ou de difficultés liées à la pénétration, une rééducation périnéale peut être salvatrice.

SEXOLOGUE : un ou une sexologue est une professionnelle de santé qui s'est spécialisée en sexologie. On peut être médecin sexologue, psychologue sexologue, sage-femme sexologue... Dans certains cas, elle peut pratiquer des examens médicaux (si elle est médecin) et proposer des thérapies.

SEXOTHÉRAPEUTE : le ou la sexothérapeuthe ne pratique jamais d'examen physique. Elle propose uniquement des thérapies pour vous accompagner dans vos problèmes liés à la sexualité et parfois au couple.

LE SITE À RETENIR : gyn&co.wordpress.com pour trouver un ou une soignante bienveillante !

3

QUI CONSULTER ?

4 L'INFLUENCE DE LA SOCIÉTÉ

Sexualité et injonctions : où en êtes-vous ?

	0	1	2	3	4
J'ai mal lors d'une relation sexuelle et je ne sais pas le dire.					
Mon ou ma partenaire s'endort après avoir eu un orgasme sans s'occuper de moi et cela me dérange.					
Quand je veux changer de position, je n'ose pas le dire.					
Je fais des efforts pour cultiver la séduction dans mon couple.					
Mon ou ma partenaire fait des efforts pour cultiver la séduction dans notre couple.					
J'ai des pensées parasites qui m'envahissent lorsque j'ai une relation sexuelle et cela m'empêche de profiter du moment.					
Je pense à mon image et à mes complexes.					
Je me demande si je suis bien épilé·e.					
Je me demande si je sécrète des odeurs.					
Mon ou ma partenaire ne se soucie pas assez de mon plaisir.					
Mon consentement n'est pas assez vérifié.					
Je ne pense pas à vérifier le consentement de mon ou ma partenaire.					
J'ai des difficultés à fantasmer lorsque j'ai une relation sexuelle alors que j'en ai envie.					
Je ressens de la honte ou de la culpabilité quand je me masturbe.					

5

PETITES LISTES D'APPRÉCIATION MUTUELLE

5 ÊTRE EN PAIX AVEC SA LIBIDO

La météo du couple

j'ai besoin de solitude

j'ai besoin de tendresse

j'ai envie de plus d'intimité avec toi

	PARTENAIRE A	PARTENAIRE B
lundi		
mardi		
mercredi		
jeudi		
vendredi		
samedi		
dimanche		

5

LA MÉTÉO DU COUPLE

6 LE MATÉRIEL POUR PARTIR EN SEXPLORATION

Mon kit de sexploration

6

MON KIT DE SEXPLORATION

7 SEXPLORER LA VULVE

Dessin libre spécial vulve

7

DESSIN LIBRE SPÉCIAL VULVE

8 SEXPLORER LE PÉNIS

Dessin libre spécial pénis

8

DESSIN LIBRE
SPÉCIAL PÉNIS

9 CRÉER DE L'EXCITATION

Espace de libération des fantasmes

9

ESPACE DE LIBÉRATION DES FANTASMES

La cartographie érogène

☐ zone déjà découverte

☐ zone à explorer

9

LA CARTOGRAPHIE ÉROGÈNE

10 À LA DÉCOUVERTE DE SON PLAISIR

Faites un mouvement circulaire avec la pulpe de l'index et du majeur sur le frein ou sur votre clitoris. Enduisez vos doigts de salive ou de lubrifiant.

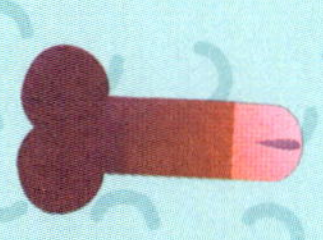

Tapotez votre gland ! Sur le pénis, utilisez un pouce ; sur un clitoris, l'index. Pensez à un scénario qui vous excite ou regardez un film porno (éthique !).

Les cartes masturbatoires (1re partie)

Massez votre pubis avec la main enduite d'huile ! Reconnectez-vous à vos sensations.

Remontez votre prépuce avec l'index et le majeur d'une main et touchez-vous le clitoris de l'autre main en effectuant des petites pressions.

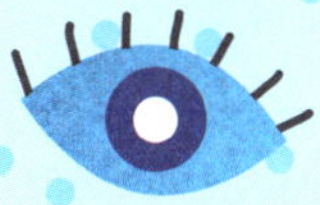

Remontez votre prépuce avec l'index et le majeur d'une main et caressez doucement votre frein en tenant votre verge de l'autre main.

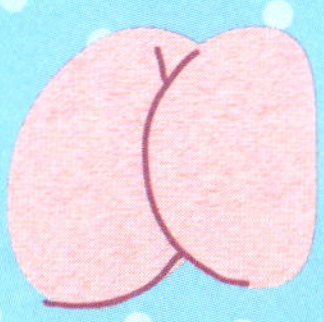

AVEC UN DOIGT BIEN LUBRIFIÉ, MASSEZ LE POURTOUR DE L'ANUS.

Massez-vous le périnée (la partie entre la vulve ou les testicules et l'anus).

10 À LA DÉCOUVERTE DE SON PLAISIR

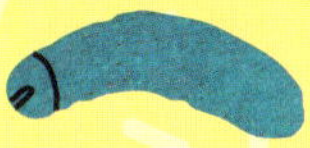

Frottez votre clitoris ou votre pénis contre votre lit, un oreiller ou une surface de votre choix.

Massez délicatement l'entrée du vagin.

Massez délicatement vos testicules.

MASTURBEZ-VOUS DEVANT UN MIROIR !

Avec un doigt bien lubrifié, et après avoir atteint un état suffisant d'excitation, essayez d'insérer un doigt dans votre vagin à environ deux phalanges vers le ventre pour tenter de stimuler votre zone G.

Avec un doigt bien lubrifié, et après avoir atteint un état suffisant d'excitation, essayez d'insérer un doigt dans votre rectum à environ deux phalanges vers le ventre pour tenter de stimuler votre prostate.

Les cartes masturbatoires (2e partie)

Pour cette séance de masturbation, imaginez un nouveau fantasme.

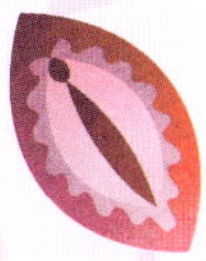

Masturbez-vous dans un nouveau lieu.